Para onde quero ir?

Caminhando na Luz

Grupo Anjos de Luz ®

Para onde quero ir?

Caminhando na Luz

Série: Mensagens de Luz para o seu dia

Volume 3

1ª Edição

Belo Horizonte
Grupo Anjos de Luz ®
2019

© **2019** por Grupo Anjos de Luz ®
Título original: Para onde quero ir? - Caminhando na Luz

Canalizadoras: Kaká Andrade | Karina Veloso | Maria Alice Capanema
Rita Pereira | Valdir Barbosa
Design gráfico e editorial: Alice Sena
Revisão: Agni Melo | Elizabeth Palomero | Kaká Andrade
Nair Pôssas Guimarães | Rita Pereira

É proibida a reprodução!
Nenhuma parte desta obra poderá ser reproduzida, copiada, transcrita ou mesmo transmitida por meios eletrônicos ou gravações, assim como traduzida, sem a permissão, por escrito, do autor. Os infratores serão punidos pela Lei nº 9.610/98.

```
P221
         Para onde quero ir? - Caminhando na Luz / Kaká Andrade, Karina Veloso, Maria
      Alice Capanema, Rita Pereira, Valdir Barbosa (canalizadores). Belo Horizonte: Grupo
      Anjos de Luz, 2019.
         59p. - (Mensagens de Luz para o seu dia ; v.3)

         ISBN 978-65-80152-08-7

         1. Espiritismo 2. Psicografia 3. Parapsicologia 4. Ocultismo I. Andrade, Kaká
      II. Veloso, Karina III. Capanema, Maria Alice IV. Pereira, Rita V. Barbosa, Valdir.
      Título VI. Série.

                                                                       CDD 133.9
                                                                       CDU 133.7
```

Sumário

Apresentação e agradecimentos 7

Introdução 8

Hierarquia Espiritual Divina 9

Raios, Mestres Ascencionados, Arcanjos e Equipe Angélica 10

Mensagem inicial 13

Mensagem do Dirigente da Colônia, da Equipe Médica do Grande Coração de Astheriã e do Grupo Anjos de Luz 14

Mensagens iniciais dos Instrutores do Mundo 18

Mensagens dos Mestres Ascencionados dos Raios de Luzes 22

    Os Médicos Espirituais da Equipe da Colônia Médica do Grande Coração de Astheriã 29

    Mensagens dos Médicos Espirituais da Equipe da Colônia Médica do Grande Coração de Astheriã 30

Mensagens finais da Espiritualidade de Luz 48

Mensagens finais de Sabedoria Divina 51

Oração e mantra 58

Mensagem final 59

Apresentação e agradecimentos

O despertar da consciência levará você a entender o seu propósito na Terra e será de grande auxílio em relação ao que é necessário fazer. A busca incessante do autoconhecimento trará luminosidade para o seu caminhar. Caminhar na Luz exige que a reforma íntima seja feita.

O terceiro volume da Série **Mensagens de luz para o seu dia** vem orientá-lo na descoberta sobre Para onde quero ir?, de modo a incentivá-lo a buscar, constantemente, a compreensão sobre si mesmo, sobre a importância da prática das lições de amor deixadas por Jesus Cristo, para que sua caminhada seja de luz.

O Despertar da Consciência sobre o Eu Sou, iniciado com a leitura do primeiro volume, é campo fértil para que o autoconhecimento espiritual conduza você a um caminhar mais suave, de maneira que a Verdade Divina se torne parte de você e de toda a matéria ao seu redor, permitindo-lhe ter uma *vida* plena.

Já o segundo volume trouxe esclarecimentos sobre O que estou fazendo aqui?" no planeta Terra, um incentivo na busca constante da compreensão sobre si mesmo e sobre a prática das lições de Jesus Cristo quanto ao Caminho, a Verdade e a Vida.

As mensagens deste livro estão diretamente relacionadas àquelas contidas no primeiro e segundo volumes da Série e, quando compreendidas, mostrará que a caminhada na luz levará você ao encontro de sua Pura Essência Divina para adquirir uma consciência plena em perfeita sintonia com a Justiça Divina.

Neste livro, você encontrará mensagens dos Instrutores do planeta Terra, mensagens dos Mestres da Grande Fraternidade Branca, mensagens e mantras enviados pelos Médicos da Equipe da Colônia Médica do Grande Coração de Astheriãn. Verá, ainda, informações sobre a Hierarquia Espiritual Divina, os sete Raios Cósmicos, bem como seus respectivos Mestres Ascencionados (Chohans/Diretores), Arcanjos e Equipe Angélica que regem e cuidam do Planeta.

Agradecemos a toda a Espiritualidade de Luz que, generosamente, nos enviou mensagens preciosas para nosso desenvolvimento espiritual!

Muito bom reencontrá-lo(a) nesta jornada de aprendizado e amor!

Introdução

"Para onde quero ir?"
Caminhando na Luz

O propósito deste livro é despertá-lo(a) para uma caminhada de luz e incentivá-lo(a) no exercício diário do autoconhecimento e prática do bem, que exigem um descortinar de falsas impressões e construções equivocadas acerca de si mesmo.

Esta jornada demanda coragem, disciplina, comprometimento e o desejo sincero de mudança para ser uma pessoa melhor do que é hoje.

A caminhada é facilitada pela ampliação de sua vontade de viver imergido na luz, com atenção às instruções que vêm sendo transmitidas pela mais Alta Espiritualidade.

É importante que permaneça atento às suas omissões, às suas ações e aos seus pensamentos, orando e vigiando sempre, para que possa descobrir como melhor caminhar neste Planeta e como prosseguir de maneira regeneradora, ajustando-se à mais Pura Energia do Universo, Deus.

Para isto, você precisará se proteger e exercitar diariamente as virtudes deixadas pelo Pai Criador, equilibrando-se e gerando energias positivas por meio de ações, pensamentos e sentimentos conscientes e baseados nas Verdades Divinas. Também deve-se reconhecer as falhas e valorizar os avanços.

Desta maneira, você buscará a paz e a harmonia interior, produzindo curas necessárias para trilhar uma vida abençoada e harmoniosa consigo mesmo, com a natureza e com os ambientes familiar e social.

Convidamos você para esta caminhada de luz rumo à mais Pura Essência Divina.

Hierarquia Espiritual Divina

A Hierarquia Espiritual Divina é a energia da mais pura Essência Divina, uma das mais altas escalas vibracionais, a saber:

- Conselho dos 21 Orixás Planetários;
- Ponto Base;
- Ponte Verde;
- Grupo Ascencional – representado por toda a Equipe Médica Espiritual; aqui, neste livro, vocês terão oportunidade de conhecer alguns Líderes Cristal da Equipe da Colônia Médica do Grande Coração de Astheriãn, por meio de mensagens inspiradoras e instrutivas;
- 144 Chohans dos 144 Raios de Alfa e Ômega;
- 144 Arcanjos, Eloins, Serafins, Querubins;
- As 72 Orbes Angelicais e Cabalísticas;
- Mestres do Conselho Kármico;
- Mestres do Conselho de Amparadores;
- Mestres do Conselho Evolutivo;
- Anciãos dos Dias;
- Espírito Santo;
- Comandos Estrelares.

São estas energias da mais pura Essência Divina que permeiam o caminho do ser humano em sua busca da sua compreensão, seu crescimento e sua evolução espiritual.

Raios, Mestres Ascencionados, Arcanjos e Equipe Angélica

A Grande Fraternidade Branca é uma das Hierarquias Cósmicas do Plano Divino.

As Hierarquias habitam o Cosmos e compõem uma rede transmissora de impulsos evolutivos para os vários mundos denominada Irmandade, composta de vários seres dos diversos reinos, tais como o espiritual, o dévico, o angélico, entre outros.

A Grande Fraternidade Branca é uma Hierarquia Cósmica que protege e guia a humanidade terrestre, encarregada de resguardá-la da autodestruição. É composta de Seres Ascencionados, que já viveram no Planeta e, ao evoluírem, optaram por ajudar a Terra, organizados e distribuídos em sete Raios Cósmicos, advindos do Reino Celestial Maior.

Ao serem invocados para uma finalidade específica por nosso sagrado coração (Chama Trina) dentro de cada um, os Raios Cósmicos tomam a forma de uma Chama, que poderá flamejar sobre nossos corpos, em situações e lugares ou em todo o Planeta, de acordo com o nosso anseio consciente, permitindo que a Equipe Espiritual auxilie para que os seres cumpram sua missão evolutiva e se afastem das limitações que dificultam a conexão com o Divino, embora sempre respeitando o livre-arbítrio.

No comando hierárquico da Grande Fraternidade Branca estão os Mestres Ascencionados/Chohans (Diretores ou Senhores), os demais Mestres Ascensos, bem como seus Complementos Divinos (sua outra metade) e Equipes Angélicas, formadas por Serafins (anjos mais antigos e próximos do Trono de Deus), Arcanjos (anjos hierarquicamente superiores aos demais anjos), Querubins (anjos guardiões da luz e mensageiros), bem como os Elohins (divindades elementais construtores dos mundos), atuam em conjunto com suas respectivas falanges de Espíritos de Luz e de Espíritos Trabalhadores, Obreiros e Tarefeiros.

1º Raio

A cor é azul – vibrante no domingo.
Virtudes: fé, proteção, vontade divina, poder pessoal, força, liderança.
Mestre Ascencionado Chohan/Diretor: El Morya.

O Mestre El Morya, em sua passagem pela Terra, foi Abraão, Rei Mago Melquior,

Rei Arthur, da Grã-Bretanha, sendo o guardião da Espada de Excalibur e do Cálice do Santo Graal. Teve outras passagens na Inglaterra e Mongólia. Foi Mahatma Morya, na Índia, que Influenciou a criação da Sociedade Teosófica (em 1875). Por fim, foi El Morya Khan, filho do rei de Bangladesh, que renunciou ao trono para ser religioso. Ascensionou no final do século XIX e auxiliou a fundação do Grupo Ponte para a Liberdade, dentre outros.

Equipe Angélica: Arcanjo Miguel, seu Complemento Divino é Santa Fé.

O Elohim Hércules e seu Complemento Divino Amazon criaram a Terra com a substância Primordial, trabalham a fé e a força.

2º Raio

A cor é dourada – vibrante na segunda-feira.
Virtudes: sabedoria divina, iluminação, ciência, conhecimento, sabedoria, tecnologia, inspiração.
Mestre Ascencionado Chohan/Diretor: Confúcio.

O Mestre Confúcio, em sua passagem pela Terra, foi o maior pensador da China, para formação ético-humanística em filosofia social e viveu por volta de 550 a.C., no País de Lu (atual Província Shandong), tendo sido magistrado, Secretário da Justiça e Ministro Chefe, cujos pensamentos se harmonizaram com Lao-Tsé, místico e fundador do Taoísmo.

O Mestre Kuthumi foi o Diretor do 2° Raio, substituído por Mestre Lanto, antecessor do Mestre Confúcio.

Equipe Angélica: Arcanjo Jofiel, seu Complemento Divino é Constantina.

O Elohim Cassiopéia e seu Complemento Divino Minerva auxiliam os seres em seus aprendizados e estimulam a força concentrada na atenção.

3º Raio

A cor é rosa – vibrante na terça-feira.
Virtudes: perdão, amor incondicional, tolerância, beleza, bondade, gratidão.
Mestra Ascencionada Chohan/Diretora: Rowena.

A Mestra Rowena, em sua passagem pela Terra, foi Santa Terezinha, Joana D'Arc, Madre Teresa de Calcutá, dentre outras, indicando que a alma pode se vestir de diversas facetas para desenvolver o propósito ao qual se destina.

Equipe Angélica: Arcanjo Samuel, seu Complemento Divino é Cáritas.

O Elohim Órion e seu Complemento Divino Angélica mantém a paz por meio do Amor Divino, da plenitude da Chama Rosa, que dissolve toda energia nefasta.

4º Raio
A cor é branco-cristal – vibrante na quarta-feira.
Virtudes: purificação, limpeza de karmas, ascensão, equilíbrio, pureza, paz, silêncio, ressurreição.
Mestre Ascencionado Chohan/Diretor: Seraphis Bey.

O Mestre Seraphis Bey, em sua passagem na Terra, foi os Faraós Osíris, Akhenaton IV e Amenophis III, construtor dos Templos de Luxor e de Karnak; o Rei Espartano Leônidas; Fídias, o construtor do Parthenon, na Grécia.
Equipe Angélica: Arcanjo Gabriel, seu Complemento Divino é Esperança.
O Elohim Claire e seu Complemento Divino Astrea atuam com harmonia e pureza, libertam pessoas dos obsessores, da maldade, ignorância e desarmonias.

5º Raio
A cor é verde – vibrante na quinta-feira.
Virtudes: cura, justiça divina, verdade divina, concentração, consagração, dedicação, prosperidade.
Mestre Ascencionado Chohan/Diretor: Hilarion.

O Mestre Hilarion em sua passagem na Terra foi Paulo de Tarso, o apóstolo que se tornou São Paulo e Santo Hilarion.
Equipe Angélica: Arcanjo Rafael, seu Complemento Divino é Mãe Maria.
O Elohim Vista ou Ciclope e seu Complemento Divino Cristal atuam no processo evolutivo da humanidade.

6º Raio
A cor é rubi-dourada – vibrante na sexta-feira.
Virtudes: devoção, misericórdia, amor, cura.
Mestra Ascencionada Chohan/Diretora: Nada.

A Mestra Nada, em sua passagem pela Terra, foi Maria Madalena.
Mestre Jesus deixou de ser Chohan deste Raio quando, juntamente com o Mestre Kuthumi, se elevaram à condição de Instrutores do Mundo. Jesus ainda é

o maior exemplo das virtudes deste Raio no Mundo, com destaque à Misericórdia Divina e à Cura, como forma evolutiva da pessoa humana encarnada.

Equipe Angélica: Arcanjo Uriel, seu Complemento Divino é Graça.

O Elohim Tranquilitas, e seu Complemento Divino Pacífica são os Elohins que auxiliam no verdadeiro exercício de abnegação e paz.

7º Raio
A cor é violeta – vibrante no sábado.
Virtudes: apelos, compaixão, transmutação, transformação, liberdade.
Mestre Ascencionado Chohan/Diretor: Saint Germain.

O Mestre Saint Germain, em sua passagem pela Terra, foi São José, pai de Jesus; o Mago Merlin, que prestava conselhos importantes ao Rei Arthur, da Grã-Bretanha; o Profeta Samuel, Cristóvão Colombo e o filósofo Roger Bacon.

Equipe Angélica: Arcanjo Ezequiel, seu Complemento Divino é Ametista.

O Elohim Arcturos e seu Complemento Divino Diana respondem pelos apelos verdadeiros vindos do coração para a libertação das limitações e das doenças.

Mensagem inicial

Luz Dourada
Mestre da Colônia Vale Dourado

Mestre Jheriel: Caminhante da Luz

"Meu amado e querido Caminhante da Luz!

"O caminho se faz ao caminhar". Cada passo dado em busca de si mesmo, o levará a compreensão para "O que estou fazendo aqui".

Mesmo que as decepções, tropeços, perdas e derrotas, minem suas energias, não desista.

Acredite! É o amor por si mesmo e por tudo, que alimenta sua alma para cumprir seu propósito de vida.

Quando sentir-se inseguro e não souber qual caminho seguir, escolha o caminho do coração. Esse é o verdadeiro caminho da luz. Com amor e por amor seja alegre, leve, livre e iluminado.

Paz, luz e gratidão!

Eu Sou Mestre Jheriel."

(Mensagem canalizada em 21/04/2019)

Mensagem do Dirigente da Colônia, da Equipe Médica do Grande Coração de Astheriã e do Grupo Anjos de Luz

Luz Verde, Luz Azul, Luz Dourada e Luz Branco-cristal:
Dr. Helmuth – Integrante dos Conselhos de Amparadores, Evolutivo e Kármico

Dr. Helmuth: O Caminho da Transformação

"Louvado seja o nome de Cristo!

Salve a Equipe da Colônia Médica do Grande Coração de Astheriã!

Como falei no Livro 1 – "Quem EU SOU?" - O Despertar da Consciência, no Livro 2 - "O que estou fazendo aqui?" - Em Busca de Si Mesmo, e agora no Livro 3 – "Para onde quero ir?" - Caminhando na Luz, é de suma importância compreender o seu propósito de vida aqui no planeta Terra. O propósito de cada um se inicia quando se coloca disponível para a ação divina, aí se descortinará diante de si a grandiosidade do amor do Pai Amantíssimo, que é pura misericórdia e compaixão. O despertar da consciência o levará a entender o seu propósito na Terra e será de grande auxílio do que é necessário fazer. A busca incessante do autoconhecimento trará luminosidade para o seu caminhar. Caminhar na luz exige que a reforma íntima seja feita.

E como fazer essa reforma? Primeiramente, limpe seu coração e sua mente. Enxergue com clareza o que vai em sua alma. Tire as máscaras que usa todos os dias. Esvazie-se da inutilidade de todos os pensamentos, os sentimentos e as atitudes contrárias à lei divina do amor maior, do perdão, da tolerância, da misericórdia, da compaixão, da generosidade. Após o exame minucioso e a aceitação de tudo aquilo que é tóxico, nocivo e contrário ao seu crescimento e evolução espiritual, peça a Deus força suficiente para limpar sua alma e seu espírito com a luz divina e libertar-se do lixo que acumula dentro de si. Essa reforma demanda coragem, disciplina diária, comprometimento e o desejo sincero de mudança para ser uma pessoa melhor do que é hoje.

Transformar é doloroso, transmutar é divino. Assim, pouco a pouco, por meio de pequenos gestos e atitudes, da persistência em caminhar em direção à luz, a transformação acontecerá de forma branda, porém firme. Caminhemos juntos, então, pois o caminho da luz é longo e árduo, todavia não é impossível, pelo contrário, o caminho da luz está bem à sua frente, esperando que você dê o primeiro passo em direção à libertação de todos os vícios, de todos os males que acometem a sua alma e comprometem o seu espírito impedindo o seu crescimento evolutivo. Venha comigo nessa grande jornada da alma, jornada essa que mostrará como empenhar-se para subir os degraus da escala evolutiva. A resposta é única, através do exercício diário do amor incondicional para consigo mesmo e para com o seu próximo, você alcançará a vitória tão almejada. Limpe-se, perdoe-se, creia e caminhe sem titubear. As bênçãos do Mestre Jesus estão bem diante de ti esperando o seu despertar.

O caminho da luz revela o amor incondicional e lembra que toda mudança começa a partir de si mesmo, em seus pensamentos, seus sentimentos e suas atitudes, que a caridade começa em sua casa, que olhe com mais amor e tenha mais compaixão com os seus familiares. Que honre os seus ancestrais, que ame e zele por seus pais, ame, eduque e dê limite aos seus filhos. Que caminhar na luz nada mais é do que amar a si próprio, se enxergar sem máscaras, valorizar as virtudes que possui, trabalhar arduamente para mudança de suas posturas equivocadas perante a vida, perante a sua família e ao seu próximo, é perdoar continuamente a si e aos outros.

E, por fim, caminhando e caminhando você será capaz de enxergar em seu próximo o reflexo de Deus e o reflexo de si mesmo, porque o Amor Incondicional mostra toda a sua beleza, sua magnitude e sua riqueza. É Luz que não se acaba, é Luz que cada vez mais ilumina, é Luz que transborda em todos os seres do Planeta Terra, direcionando o curso das jornadas das encarnações em busca da evolução, do entendimento e da compreensão do despertar da consciência coletiva, da busca de si mesmo e do caminho da luz.

A jornada da alma é guiada pelo Amor Incondicional que brilha como a Luz Divina dentro de cada um, revelando a panaceia universal capaz de curar todas as enfermidades que afligem o ser humano.

Os sete Raios Cósmicos descritos neste livro são a manifestação Maior do Amor Divino e estão concentrados na execução do Plano de Deus para o Planeta Terra e para o Universo. No primeiro Raio, você encontrará a pura manifestação da Vontade Divina para compreender o seu propósito no Planeta. No segundo Raio, você silenciará sua mente para escutar a Voz Divina. No terceiro Raio, você libertará a sua alma das energias negativas, isso é possível somente por meio do Amor Incondicional, levando-o a ter a consciência plena de que na Terra são todos irmãos e filhos do mesmo Pai, Deus, despertando, assim, o sentimento de Fraternidade. No quarto Raio, você compreenderá o sentimento de Unidade, aprenderá a trabalhar em prol da Integração e Purificação da humanidade em perfeita Harmonia. No quinto Raio, você aprenderá a apreciar cada vez mais o Reino Vegetal, como fonte para encontrar a Pura Essência Divina da Cura. Também no quinto Raio você conhecerá alguns Médicos Espirituais, abnegados Trabalhadores da Luz Divina que pertencem à Equipe da Colônia Médica do Grande Coração de Astheriãn. São os Líderes Cristais que dirigem as várias especialidades médicas espirituais e comigo dividem o trabalho de amor, de dedicação e de auxílio a todos aqueles que necessitam de tratamento espiritual presencial (cirurgia espiritual presencial), tratamento espiritual à distância (cirurgia espiritual à distância), oração pessoal e oração para casa no planeta Terra. Cada médico espiritual falará de sua especialidade e apresentará um Mantra. Mantra é um instrumento do pensamento, é oração, que de forma repetida proporciona tranquilidade, equilíbrio e paz interior. Cura a alma, o espírito, a mente, o corpo e, traz o entendimento de fé e mérito. Desperta o que existe de mais belo e nobre e auxilia a consolidar a fé já existente em cada ser. No sexto Raio, você entenderá o verdadeiro significado da Abnegação, do Desapego, da Devoção, da Misericórdia para o Auxílio livre de interesses para todos aqueles que de você precisar. No sétimo Raio, você sentirá quão importante é se libertar de culpas para sua Purificação e Transmutação abrindo-se para receber a Misericórdia Divina.

Agradeço especialmente à Equipe Médica Espiritual em pleno e total exercício do amor maior que vem de Deus, Equipe que tenho oportunidade de dirigir, orientar, coordenar e aprender, e como tenho aprendido com esses espíritos dedicados e irmanados na luz, no bem, na consciência coletiva do amor incondicional, amor maior que guia, direciona, faz com que todos os obstáculos sejam superados um a um. O meu reconhecimento imensurável à Equipe de Trabalhadores, Obreiros e Tarefeiros especializados em Suporte e que nos auxiliam. São esses espíritos iluminados e comprometidos com a Cura que proporcionam tranquilidade, segurança, equilíbrio, harmonia vibracional em todos os continentes deste Planeta em que estivermos atuando.

Gratidão à Equipe de Médiuns do Grupo Anjos de Luz que se disponibiliza para os tratamentos espirituais, sendo que, nesses dias, incontáveis vezes envolvem seus corações na luz transformadora e transmutadora da Chama Trina, colocando-se a serviço do amor, da luz e do bem. Gratidão à Equipe de Tarefeiros (Anjos Amigos) que sempre se dispõem em contribuir com trabalho, disponibilidade e conhecimento.

Enfim, cada um doa o que tem de melhor dentro do seu coração: Amor. Amor não se compra, não se vende, não se precifica. Amor simplesmente é demonstrado em pensamentos, sentimentos e atitudes.

Agradeço-te ó Deus, Pai de Misericórdia e Amor Infinito, Jesus Cristo, Pai do Puro Amor, Virgem Maria, Mãe do Amor Ilimitado, Cristo, Patrono do planeta Terra, Pai da Pura Essência Divina, por todas as bênçãos colhidas em todos os dias de trabalho, e que possamos continuar a trilhar o caminho da luz e do aprendizado, da humildade, da disciplina, do perdão, da compreensão, da aceitação, da paciência, da tolerância, da compaixão e misericórdia, vencendo as dificuldades e as tribulações, caminhando sempre em direção à Luz.

Nessa atual era de Aquário, o planeta Terra se beneficiará da expansão da consciência coletiva, que direcionará e fortalecerá a vida de toda a humanidade. E volto a insistir: aprenda a perdoar, a compreender e a aceitar a si e ao outro como ele é, a ser misericordioso, a ser justo, a ser compassivo, a trabalhar sem reclamar, a fazer o bem sem olhar a quem, a estudar continuamente sem preguiça, a ser pontual, assíduo, comprometido, responsável e, principalmente, não se olvide de que todo bem, paz, luz, amor e abundância que pede incessantemente aos céus estão bem diante de ti.

Siga adiante sem se desviar do seu objetivo, para encontrar o seu maior tesouro, a luz de sua alma, a sua Pura Essência que somente o caminhar na Luz proporciona Vidas novas, novos Tempos, Amor Incondicional, Unidade e Trabalho em Equipe sempre definem tudo.

Caminhe, caminhe, caminhe... a Luz estará contigo.
Louvado seja Cristo!

Salve a Equipe da Colônia Médica do Grande Coração de Astheriã.
Eu Sou Dr. Helmuth."

(Mensagens canalizadas em 25/03/2018, 17/11/2018 e 05/06/2019)

Mensagens iniciais dos Instrutores do Mundo

Instrutores do Mundo

Jesus e Mestre Kuthumi atuam como Instrutores do Mundo. Dirigem as questões sobre a Espiritualidade no que tange à educação, à religião, à ética e a moral. Expressam o Amor Maior levando a humanidade a despertar a Essência Crística de cada ser divino para a compreensão de sua caminhada no Planeta.

Mestre Jesus: O Único Caminho

"Meus irmãos!

Que alegria estar neste local de paz e amor.

Como é bom ver pessoas se dedicando ao engrandecimento espiritual.

Este é o caminho. O único caminho.

Permaneçam fortes neste propósito, para purificarem seus corpos físico e etérico e, por consequência, as energias da Terra.

O Planeta está passando por uma forte transformação.

Oremos e não se deixem levar pelas aparentes vitórias. A verdade é a que traz a cura do mundo.

Somente a Verdade leva à Justiça Divina aos homens.

Eu Sou o Caminho, a Verdade e a Vida!

Através de meus ensinamentos chegarão ao Pai, à Energia Máxima Divina.

Faço-me presente hoje para que creiam e seja possível vossa evolução verdadeira, dentro dos ensinamentos que trouxe à Terra.

A dor se fará necessária para muitos, mas cada um pode alcançar seus objetivos de evolução de uma maneira mais branda, dentro de seu livre arbítrio.

Coloquem meus ensinamentos em prática.

Não temam nada que vos possa parecer difícil. Não perturbem vosso coração.

Concentrem-se no caminho do bem.

Excluam energias ruins. As condutas devem se pautar no amor e na caridade.

Sem a caridade, não há salvação.

Eu vos amo!

Eu Sou Mestre Jesus."

(Mensagem canalizada em 22/05/2017)

Mestre Kuthumi: Energia Consciente

"Queridos irmãos amigos,
Como é bom poder ter um momento de comunicação com vocês.

Espero que os seres encarnados que tenham esta faculdade de comunicação com a espiritualidade mais avançada cada dia mais se instruam e se conectem com as energias da Espiritualidade de Luz, para auxiliarem nas inúmeras formas de passar conhecimentos sobre o Além.

É chegada a hora de lhes revelar, meus irmãos, diversas questões sobre a espiritualidade que antes e ainda permanecem sob o conhecimento restrito de pessoas há muito espiritualizadas ou, mesmo que em pouco tempo, de maneira mais intensa. Faz parte do processo de transformação energética do Planeta Terra, que sairá das provas e expiações e será agraciada com a energia planetária dos seres em regeneração.

Por isto, os conhecimentos sobre as forças energéticas divinas vêm sendo tão difundidos atualmente, inclusive por faculdades/universidades, por médicos e estudos físicos.

É o meio, amigos, de se tentar trazer para a elevação da consciência de vocês os conceitos e as experiências de vida com o efetivo conhecimento sobre sua ação, que produz uma reação, inclusive no campo energético mental, principalmente para aqueles que resistam a espiritualizar-se.

Espiritualizar-se nada mais é do que sintonizar-se com a essência energética de tudo, tanto da sua própria vida terrena, quanto das energias fora dela, espalhadas neste Planeta e no Universo.

Não confundam, meus queridos, a força dos pensamentos que lhes impulsionam o corpo e precisa se conectar com outras mentes sadias e positivas com as funções orgânicas de seu cérebro e membros externos e internos. Estes são comandados pela força de sua mente, que é tão conectada ao Divino que lhe produz movimentos, até mesmo involuntários, mas que, se pararem para refletir, são sempre voluntários.

Ou seja, toda limitação do seu corpo vem primeiramente da limitação produzida em sua mente.

Difícil ver isto na prática?

Não, desde que acreditem que Deus, na sua infinita bondade e perfeição, por ser, na verdade, a Energia Suprema do Universo que criou a todos em Sua Imagem e Semelhança Espiritual, energeticamente, e deu aos humanos também as faculdades de escolhas para o curso de seu caminho neste Planeta.

Este caminho em eternidade inclui a evolução espiritual sobre todos os equívocos um dia por vocês sucumbidos, relacionados às imperfeições que o ego produz em sua mente, a lhes trazer limitações de todo tipo, com vaidades, orgulhos, arrogâncias, intolerâncias, medos, ansiedades, soberbas, luxúrias, dentre tantas outras negatividades que aniquilam o amor puro que está em vocês.

Queria apenas que, mesmo fora de qualquer religião ou dogma, acreditassem no que lhes foi apresentado há séculos e séculos, mas de maneira desgastante tentam negar: tudo é energia!

Tudo é formado por átomos e outras mínimas partículas energéticas.

As pessoas, os objetos e as demais coisas existentes na Terra são assim formados em virtude da movimentação, do direcionamento e da concentração destas partículas energéticas, inclusive os humanos, os animais e todos os demais seres que tenham vida.

Então, irmãos queridos, por que negar tanto que são energias em movimento?

Está na hora de vocês se despertarem para estes valores energéticos, para trazerem estes conhecimentos há séculos trazidos a vocês, que já são seres conscientes e racionais, para a compreensão prática de seu cotidiano.

Ora, se são energias em movimento e se tudo é feito de energias, qual o problema de denominar as energias de uma pessoa e que movem alguém de espírito?

Somos espíritos, ou seja, energias que conduzem as nossas faculdades de pensar, falar, agir, andar e também de se comunicar, seja com outro espírito que esteja vinculado a um corpo físico terreno a movimentá-lo, seja desvinculado, mas com formas, para que os humanos possam compreender melhor, seja até mesmo sem forma, como uma simples luz, que irradia energias.

Toda energia ruim existente neste Planeta foi produzida um dia pela fraqueza de seu espírito ao não seguir sua evolução espiritual.

Queridos, tenham força e retomem a qualquer tempo o propósito de vocês aí na Terra, que é a evolução de suas energias ao Divino, rumo à perfeição energética e ao Pai energético perfeito de paz e amor.

Para isto, possuem diversas ferramentas.

Sejam humildes e estudem, aprendam!

As religiões equilibradas, as doutrinas espiritualistas e budistas trazem os caminhos a serem seguidos. Não importa qual escolherá. O que importa é que aquela escolhida seja exercida com consciência positiva. Todas elas apresentam dissidentes contendo energias negativas, meus irmãos.

Sejam céticos, questionem e confiem seu caminho à Energia Suprema, para que sejam bem guiados.

Se nada disto lhes for próximo ou lhes traga afinidade, simplesmente parem, observem ao seu redor, a perfeição de tudo o que foi criado e se silencie, buscando contato com energias positivas, principalmente mediante a medicina e as práticas holísticas, dentre tantas outras.

Deixem fluir e confiem nestes trabalhos energéticos e se conectem ao bem.

Vigiem suas palavras e atitudes. Peçam perdão com maior facilidade, perdoem-se principalmente e perdoem aos outros. Busquem exercitar a caridade, tenham misericórdia dos mais necessitados e sejam pacíficos.

Onde houver ódio, levem amor e perdão. Onde houver tristeza, levem alegrias. Onde houver trevas, levem a luz, a paz e expandam sabedoria divina, humildemente e em constante vigília.

Sejam vocês, luzes positivas em movimento e prestem atenção nisto, como uma meta a seguir. Abram-se ao Alto!

Concentrem-se na expansão do bem com gestos de amor e acolhida. Não falem nada que possa atrair energias negativas e se perdoem se isto acontecer. Se os pensamentos ruins vierem, saibam que não são seus, e deles saia imediatamente.

Vocês são Perfeição e Luz!

Muita luz no seu caminho e fiquem atentos para as revelações que vêm sendo passadas, para que possam entrar definitivamente nas energias restauradoras de seu ser espiritual/energético, comandado por seus pensamentos e uma mente sadia.

Muita paz energética e acalmem seus aceleramentos.

Desejo-lhes o bem e só o bem!

Eu Sou Mestre Kuthumi, que está auxiliando vocês como Instrutor do Mundo."

(Mensagem canalizada em 15/08/2018)

Mensagens dos Mestres Ascencionados dos Raios de Luzes

1º Raio da Luz Azul
Mestre Ascencionado Chohan/Diretor: El Morya
Arcanjo Miguel
Dia da semana: Domingo
Virtudes: Força, Poder Pessoal, Vontade Divina, Proteção, Liderança, Fé

Mestre El Morya: Nova Morada Dimensional

"Muita Luz Azul, meus queridos batalhadores deste lindo e azul planeta Terra!

Que a energia de fé e coragem pela constante luta que travam ao encarnarem, com a finalidade de evoluírem, se expanda mais e mais em vocês, ao redor de vocês e em todo seu Planeta.

O caminho atual, para alcançarem os objetivos traçados em seu livre arbítrio, pede o fortalecimento da Vontade Divina que cada um possui dentro de seu coração, apoiada pela Sabedoria e Amor, no sentido de que se torne (a Vontade Divina) tão grande quanto o proporcional desejo de serem seres livres e cada vez mais iluminados, viabilizando uma rápida conexão com o Divino ao retorno de sua Casa Maior.

Importante que cheguem ao destino com a vitória da conquista evolutiva, fazendo parte de uma 6ª Dimensão de harmonia e muito amor e a Vontade Divina de cada um para o alcance deste propósito será a medida proporcional de sua evolução e de sua nova morada dimensional, em local mais harmonioso e feliz.

Estamos todos da falange da Luz Azul, com Raios Cristalinos, envolvidos em auxiliar em seu intento evolutivo de amor e, para isto, atender a todos que invoquem a espiritualidade de luz azul, para proteção dos males e aumento gradativo e constante da fé.

Eu e os soldados do Arcanjo Miguel estamos a postos e, neste momento evolutivo da Terra, conseguimos chegar com maior rapidez quando solicitados.

Amamos todos vocês e aceitem as compreensões atuais, para que exercitem nosso chamado, de modo a energizarem com maior frequência e intensidade seus corpos e mentes e, assim, a expandirem energias positivas e que afastam as negatividades ainda existentes.

Força e Fé!

Eu amo a todos!

Eu Sou Mestre El Morya, da Luz Azul da Fé e da Vontade Divina dentro de cada um."

(Mensagem canalizada em 23/05/2019)

2º Raio da Luz Dourada
Mestre Ascencionado Chohan/Diretor: Confúcio
Arcanjo Jofiel
Dia da semana: Segunda-feira
Virtudes: Sabedoria, Iluminação, Ciência, Tecnologia, Conhecimento, Inspiração

Mestre Confúcio: Santuários de Luz

"Meus irmãos,

Estou aqui hoje para lhes conscientizar o quão importante é a presença de vocês em locais em que há grande concentração de orações e estudos sobre os caminhos de luz que deverão seguir.

Nestes locais, há também um enorme volume de energias em circulação, energias de todas as naturezas, desde as densas às mais sutis. Estas últimas, mais conectadas com as energias positivas do Universo, possuem grande importância na limpeza daquelas em circulação, expandindo-se com o auxílio da espiritualidade presente, até às mais densas, afastando em uma parte considerável as pesadas, que atraem espíritos perdidos e ainda maldosos ou dominados por ódios, raivas e desejos de vinganças.

Os espíritos perdidos estão em constante apego material, tanto aos bens, quanto às pessoas que com eles acabam se conectando, mesmo sem intenção, já que se trata de afinidade energética. Mas há também aqueles perdidos que simplesmente não aceitam seu desencarne e não possuem compreensão do prosseguimento da vida após a morte do corpo físico, mantendo-se também nas esferas terrenas na tentativa de se restabelecerem como humanos ou apenas por medo do que existe à frente. Portanto, todos eles, meus irmãos, precisam de muitas luzes, para que possam compreender a importância do arrependimento, dos valores da moral e da ética, da necessidade de proximidade com energias do bem e principalmente do perdão a si próprios e a todos àqueles que tenham prejudicado um dia, vivos em Terra ou em espírito.

Estas luzes estão em maior quantidade e qualidade dentro dos Santuários de oração, que estejam de fato ligados à busca sincera de evolução enquanto humanos, para quem não crê na vida após a morte, e enquanto humanos e espíritos, para as doutrinas espiritualistas e/ou focadas em energias e purificações, como os budistas e outras mais.

As pessoas que se encontrem nestes locais de amor e de dedicação a si mesmas e ao próximo, estando em elevada sintonia com as energias puras do Universo, ou seja, com Deus Pai todo poderoso, atraem mais desta mesma energia e a dissipam aos mais necessitados, que dali saem conectados com elas, levando para seus lares e outros ambientes, inclusive trabalho, as energias adquiridas e toda a Espiritualidade de Luz protetora a lhe auxiliar em seu cotidiano. Abrem-se mais luzes para a consciência de seu Eu Sou Divino interior, de modo a visualizarem com maior facilidade o caminho de luz a seguir.

Percebam, meus irmãos, a importância de que aqueles seres encarnados que estão em constante contato com energias do bem compareçam regularmente a estes locais de reunião de pessoas em busca de Deus. Importante, ainda mais, que aquelas pessoas que desejem uma conexão com o divino e o maior entendimento sobre os comportamentos da vida dirijam-se a estes locais periodicamente e com a força suficiente a afastar problemas que surjam a tentar afastá-los destes momentos de oração e de reflexão dentro das igrejas, dos templos, dos centros espíritas, dos espaços para reuniões e louvores a Deus, nas meditações, nas palestras, dentre tantos outros. Saibam que, juntamente com todos os presentes, encontram-se os anjos, os arcanjos, os espíritos de alta luz, ou santos, para alguns, bem como a energia divina do Espírito Santo de Deus, dividida em diversas cores e forças intensificadoras das virtudes existentes em cada um, com o objetivo de anular, iniciando-se pela redução, todo o mal causado pela limitação da consciência divina sobre o Eu Sou Deus em cada um.

O objetivo é a libertação de toda a limitação representada por medos, inseguranças, raivas, mágoas, que podem ser dissipadas pela redução da elevação do ego. Isto traz sensação de isonomia, de simplicidade, de humildade, de necessidade de praticar a caridade e de ter misericórdia, com muito amor a si mesmo e ao próximo. Amor e perdão! A libertação traz paz para sua vida e a transforma em alta energia do bem, com proteção divina constante.

Irmãos, enquanto todos estão juntos em oração e no propósito do esclarecimento para adquirir a sabedoria divina, as energias do bem fazem formar uma verdadeira corrente de soldados espirituais ao entorno do local, para evitar que energias densas de fora entrem e atrapalhem a limpeza que foi feita no início e os ensinamentos de amor passados. Muitos destes soldados são dourados, da minha falange, a proteger e a intensificar a potencialidade da luz dourada da sabedoria divina. Outros são azuis, do Arcanjo Miguel e do Mestre El Morya, para a proteção. Há soldados de todas as cores, conforme as falanges dos demais Mestres Ascencionados de Luz, conforme as necessidades daquele local.

Assim, meus irmãos, conscientizem-se da importância de se reunirem em nome de Deus Pai, pois, onde dois ou mais estiverem em Seu nome, maior será a combustão energética de luz para lhes auxiliar. Uns doarão suas luzes sutis e receberão ainda mais da mesma luz e outros terão afastadas energias densas, conectando-se dia após dia às energias puras divinas e levando-as para seus ambientes, sendo essencial que orem e vigiem após a reunião, para manter as luzes acesas em seu espírito.

Muita luz no vosso caminhar de luz.

Eu amo todos vocês e estou aqui para lhes auxiliar na compreensão e no exercício do bem.

Muita Luz Dourada!

Eu Sou Mestre Confúcio."

(Mensagem canalizada em 20/06/2018)

3º Raio da Luz Rosa

Mestra Ascensionada Chohan/Diretora: Rowena
Arcanjo Samuel
Dia da semana: Terça-feira
Virtudes: Amor Puro Incondicional, Perdão, Auto aceitação, Gratidão, Beleza, Bondade, Reverência, Tolerância, Adoração

Mestra Rowena: Caminho de Puro Amor

"Bom dia, meus irmãos!

Bom dia vida que aquece vossos corações.

Hoje vim falar de amor. Do mais belo e puro amor.

Do amor por vossas vidas passageiras na Terra.

Passageiras, pois vós sois espíritos em evolução, que necessitam passar por provações para se tornarem pessoas melhores e espíritos mais evoluídos.

Imaginam alguns o porquê, mesmo sempre em oração, passa por tantos dissabores, decepções, raivas, opressões. Sabe para quê? Para aprenderem de verdade o significado do perdão, para que saibam afastar de vocês mesmos as mágoas e não mais as acumulem em seus corações.

Isso é amor. Amar ao próximo como a ti mesmo.

Mas atenção: amem-se a si mesmos. Perdoem-se de todas as imperfeições praticadas nesta e nas outras vidas pretéritas.

Foquem na vossa recuperação espiritual.

Aprendam a dividir o joio do trigo e a perdoar o joio daninho do mundo, para que ele também se desvincule energeticamente de vós e siga seu caminho evolutivo espiritual.

Então, treinem, meus amores. Treinem todos os dias o perdão.

Escolham o caminho exclusivamente do bem.

Orai e vigiai sempre o tempo inteiro e não se envergonhem em voltar atrás e pedir perdão.

Isso é lindo!

Nós aqui ficamos satisfeitos quando vimos um irmão verdadeiramente arrependido e tendo a coragem de pedir perdão e de se perdoar.

Esse vosso ato de coragem traz inúmeros benefícios evolutivos na terra e ao sempre do Universo.

Então, mantenham-se na luz com constantes orações e trabalhos espirituais, para, assim, conseguirem enxergar os limites do bem e do mal e dissiparem definitivamente de vossos corações qualquer erva daninha que pretenda se desenvolver.

O amor passa pelo perdão sincero.

É isso, meus queridos.

Escolham hoje o caminho do puro amor.

Muita Luz Rosa para todos vocês, famílias e amigos!

Eu Sou Mestra Rowena."

(Mensagem canalizada em 21/03/2018)

4º Raio da Luz Branco-cristal

Mestre Ascensionado Chohan/Diretor: Seraphis Bey
Arcanjo Gabriel
Dia da semana: Quarta-feira
Virtudes: Pureza, Paz, Equilíbrio, Ascensão, Silêncio, Ressurreição, Purificação, Limpeza de Karmas

Mestre Seraphis Bey: Caminho Evolutivo

"Aleluia, meus irmãos!

Paz na Terra aos homens de bem.

Estejam sempre na Luz Divina e desejem muita sua paz interior.

A paz que tanto necessitam para que possam ficar lúcidos em meio a tantos dissabores cotidianos.

Essa lucidez é o meio hábil às decisões firmes e corretas no caminho do bem.

Para isto, precisam ter paciência e persistência.

Paciência, para o enfrentamento diário de todas as provações, com alegria e certeza da atuação no bem. E persistência, para não desistirem um só instante de sua evolução espiritual, para que também sirvam de exemplos para outras pessoas perdidas na Terra.

Irmãos, cada ato de bondade, coragem e de fé será recompensado na espiritualidade, tenham certeza disto. Terão bônus-horas como créditos evolutivos no trabalho espiritual do amor ao próximo e, além disto, poderão tornar menos penosa sua passagem em cada encarnação de que necessitarem.

Esse é o caminho evolutivo, dentro do Espírito Santo de Deus, da energia mais pura existente no Universo, energia esta de amor incondicional e paz, pura paz.

Concito-vos a trabalharem vossa paz interior, a alcançarem, em um futuro breve, a redenção que tanto anseiam.

Não se levem pelas más energias, meus irmãos. Protejam-se!

A vida que tens foi dada como um mecanismo divino para sua evolução, que inclui pesos e, principalmente, as glórias alcançadas após superá-los. Compreendam que não há pesos que não possam suportar, mas, para isto, deverão modificar a forma de ver o problema, tendo-o como uma oportunidade de aprendizado e de crescimento e tentando, a todo o tempo, superar as mágoas e as tristezas, os rancores, as raivas e os ódios deixados por ele. Para isto, é necessário observar seus próprios atos, perdoar-se e perdoar ao próximo.

Tudo tem um porquê, meus irmãos. Então, não saiam do caminho da luz, para que possam enxergar o motivo evolutivo e possam ouvir a voz de seu coração e de seu espírito.

Assim, em um silêncio profundo e regenerador, poderão compreender melhor os vossos desígnios e lograrem a felicidade, a paz de espírito, o amor e fazerem o bem a vós mesmos e ao próximo.

Fiquem em paz.

Paz, paz, paz!

Tranquilidade e calmaria. Isto que devem urgentemente almejar. Paz na fala, calmaria nos pensamentos, tranquilidade na resolução dos problemas, felicidades no alcance de vossa evolução, para que sejam verdadeiramente alegres e espalhem o mais puro amor ao vosso redor.

Eu vos amo, meus irmãos.

Sintam-se abençoados neste dia.

Muita Luz Branco-cristal da Paz e da Ascensão Divina!

Com amor,

Eu Sou Mestre Seraphis Bey."

(Mensagem canalizada em 04/04/2018)

5º Raio da Luz Verde

Mestre Ascencionado Chohan/Diretor: Hilarion
Arcanjo Rafael
Dia da semana: Quinta-feira
Virtudes: Curas, Verdades, Justiça Divina, Concentração e Dedicação

Mestre Hilarion: Fluido Universal

"Meus queridos irmãos na Luz de Deus Pai todo Poderoso!

O caminho neste momento levará vocês a um lugar de compreensão maior sobre todo o aprendizado que vêm obtendo com as encarnações terrenas. É um local, um espaço, em dimensão simultânea à atual, mas de vibração superior e para o qual estarão sensíveis e poderão se conectar, desde que entrem em processo de cura dos males internos provocados por seus desvios, nesta e em vidas passadas.

Esta cura advém da inicial abertura de suas mentes a todas as instruções que vêm sendo passadas. Isto permitirá que conheça a Verdade Divina e esta Verdade fará que compreendam a real Justiça do Cosmos, que passa pela compreensão da movimentação coordenada e orientada das energias fluídicas universais e dos fluidos perispirituais em contato com a densidade terrena.

Meus irmãos, sei que, em princípio, tudo parece estranho, diferente de tudo o que já conhecem sobre religiões e espiritualidades. Mas, fiquem tranquilos, pois esta passagem de conhecimentos será feita por vocês lentamente e com muito amor.

Terão diversas provas da transmutação energética do Planeta Terra e poderão, com consciência racional, sem medos ou preconceitos, se aproximarem das energias positivas trazidas pelas instruções sobre o destino de vocês e de toda a espiritualidade, para que as aceitem e as insiram em seu cotidiano de vida terrena.

Irmãos, tudo passa por fluidos, os quais, aqui neste Planeta, são manejados pela força dos pensamentos, que produzem energias e que levam à aglomeração delas, formando todas as coisas e pessoas. Isso quer dizer que vocês possuem o Fluido Universal Puro e Divino, pois estão a ele conectados e para ele retornarão, sendo maior a conexão divina, quanto mais puros de coração forem.

A Verdade cura a alma, o perispírito e o corpo físico. A Verdade é a de que sois fluido energético denso corporal e perispiritual e que sempre retornam à Casa Maior, que é o Universo Supremo, que contém o Fluido Puro Divino Universal. Precisam, portanto, se libertar de prisões negativas e se tornarem cada vez mais leves, já que a plena felicidade dos seres está na harmonia perfeita com o Cosmo Universal.

Que hoje e sempre recebam cada vez mais fluidos benéficos e puros, e que possam se amar, perdoar e purificar para o aumento constante desta conexão, o que trará maior felicidade, inclusive nesta vida terrena.

Eu amo a todos.

Cura, Paz e Verdade!

Eu Sou Mestre Hilarion."

(Mensagem canalizada em 23/05/2019)

Os Médicos Espirituais da Equipe da Colônia Médica do Grande Coração de Astheriã

"A Equipe da Colônia Médica do Grande Coração de Astheriã é uma colônia residência onde moram aproximadamente 1.500.000 (um milhão e quinhentos mil) de médicos espirituais de várias especialidades médicas, cientistas e pesquisadores abnegados. São Trabalhadores da Luz Divina, que executam um trabalho de amor, de dedicação e de auxílio a todos aqueles que necessitam de tratamento espiritual presencial (cirurgia espiritual presencial), tratamento espiritual à distância (cirurgia espiritual à distância), oração pessoal e oração para casa e outras formas de socorro e auxílio aos habitantes do planeta Terra.

A Colônia foi plasmada (construída) no espaço com dimensão geográfica que se assemelha aos tamanhos dos continentes da América, que é subdividida em América do Norte, América Central e América do Sul, da Europa e da Ásia. Sua localização é aproximadamente acima dos oceanos Atlântico, Pacífico, Glacial Ártico, Índico, mares Mediterrâneo e Negro. Possui um conglomerado (vários prédios) de Tecnologia da Informação com equipamentos, aparelhagem de pesquisa e computadores avançadíssimos de alta tecnologia e performance que servem para medições, coleta de dados, armazenamento de todo e qualquer tipo de informação que venha a contribuir para o progresso e avanço das descobertas médicas, científicas e tecnológicas em prol da Terra. Nesse conglomerado está o Registro Akásico que é um grande banco de dados com informações de todas as encarnações e feitos do povo terrestre.

Esses Trabalhadores da Luz Divina se debruçam de forma ininterrupta às pesquisas médicas-científicas e estudos para descobertas de novos medicamentos e tratamentos que são soprados nos ouvidos atentos dos cientistas e pesquisadores encarnados (vivos) na Terra para que persistam em suas pesquisas e possam trazer um novo alento, uma nova esperança para os seres humanos acometidos por diversos tipos de enfermidades.

Os médicos espirituais possuem um olhar atento e generoso. São revestidos pelo Amor Incondicional de Deus para que possam prosseguir com determinação e abnegação em suas jornadas do bem para auxiliar o ser humano em sua vivência no Planeta Terra, consolidando os alicerces do Amor Incondicional por meio dos ensinamentos de Cristo, Patrono do Planeta Terra e por Jesus Cristo, Instrutor do Mundo.

Eu sou Dr. Helmuth."

(Mensagem canalizada em 05/06/2019)

Mensagens dos Médicos Espirituais da Equipe da Colônia Médica do Grande Coração de Astheriãn

"Caro(a) amigo(a),

A Equipe da Colônia Médica do Grande Coração de Astheriãn, possui uma Equipe Médica Multidisciplinar que estuda e pesquisa incansavelmente sobre todas as doenças raras e comuns que provocam desconforto e limitações às pessoas. Buscam os melhores tratamentos e recursos para que a humanidade tenha saúdes espiritual, mental, emocional e física e para que possa desfrutar de uma vida saudável e próspera.

Apresentamos-lhe parte da equipe médica espiritual e suas especialidades. Cada especialista descreve a perfeição do corpo humano em harmonia, mas em desequilíbrio surgem doenças que dificultam e limitam o seu caminhar.

Busque harmonizar-se através dos Mantras conectando-se com a força e o poder curativo das palavras que vibram em perfeita sintonia com a Pura Essência Divina de Deus. Ao identificar suas limitações e dificuldades, recite o Mantra escolhido quantas vezes sentir necessidade."

Equipe da Colônia Médica do Grande Coração de Astheriãn."

(Mensagem canalizada em 16/06/2019)

Dr. Helmuth – Pesquisador Botânico e Dirigente da Equipe da Colônia Médica do Grande Coração de Astheriãn e do Grupo Anjos de Luz: Inspiração

"Orquídeas! Raras, comuns, simples, belas, singelas, fascinantes são Presentes de Deus para expressar a consciência pura da criação do Universo.

As orquídeas me apontam caminhos para compreender os anseios, as carências e as necessidades da alma humana.

Entrego-me ao poder mágico e contagiante das orquídeas e debruço-me nas pesquisas com todas as espécies de plantas, para descobrir o poder de cura que existe em cada uma. Sejam elas minúsculas, simples ou exuberantes.

Através da sua expressão de amor, as orquídeas revelam a minha alma descobertas que propiciarão a humanidade a compreensão de que somos Um com o

Criador e desperte-se para a vivência e prática do Amor Incondicional.

Às orquídeas o meu amor, respeito e gratidão!

Eu Sou Dr. Helmuth, Pesquisador Botânico e Dirigente da Equipe da Colônia Médica do Grande Coração de Astheriã e do Grupo Anjos de Luz.

Mantra: *Meu corpo, minha mente, minha alma e meu espírito estão integrados em perfeita harmonia com a essência do Criador."*

(Mensagem canalizada em 04/06/2019)

Dra. Evelyn – Alergologista e Imunologista: Força Interior

"Há um amplo espectro de possibilidades.

Não se têm a causa e o efeito em um simples olhar analítico.

Vibra um campo emocional intenso, que clama por amparo e por orientações.

Padece o corpo, sofre a alma.

Simples diagnóstico não leva à definição de um processo que se vincula ao alto padrão de sentimentos e emoções ocultos e conturbados.

Ampla é a alma, amplo é o coração.

Eu Sou Dra. Evelyn – Médica Alergologista e Imunologista da Equipe da Colônia Médica do Grande Coração de Astheriã.

Mantra: *Eu vibro em mim a libertação do que me causa a irradiação da dor."*

(Mensagem canalizada em 13/05/2019)

Dr. Marcus Agostini – Angiologista: Irrigando a alma

"O campo vascular percorre todo o corpo e tem uma gama de veias e vasos, que garantem a plena irrigação de todas as partes do corpo.

Singular exemplo falo eu da grandeza de Deus a espalhar seu Sopro Divino que a todos nós transforma a vida e nos desperta para o caminhar.

Busco inteirar-me dos processos inflamatórios circulatórios, levando ao paciente a melhora da sua locomoção.

Eu Sou Dr. Marcus Agostini – Médico Angiologista da Equipe da Colônia Médica do Grande Coração de Astheriã.

Mantra: *Eu me liberto do peso da vida. Eu caminho com a leveza da alma."*

(Mensagem canalizada em 18/05/2019)

Dr. Klaus Jhuan – Cardiologista e Cirurgião Cardiovascular: Caminhando com alegria

"A água pura e cristalina brota das nascentes e circula por caminhos profundos, tortuosos e, muitas vezes, estreitos, largos e simples, desenhando beleza por onde passa. É incansável e persistente. Faz nascer a vida e nutre sua existência.

Cuido e protejo com dedicação e amorosidade do seu coração e todo aparelho circulatório para que você se sinta forte para percorrer com amor os caminhos da sua existência e vencer os obstáculos com equilíbrio, harmonia e saúde, distribuindo alegria e vida por onde passar.

Eu Sou Dr. Klaus Jhuan - Médico Líder Cristal, Cardiologista e Cirurgião Cardiovascular da Equipe da Colônia Médica do Grande Coração de Astheriã.

Mantra: *Meu coração é forte, saudável, amoroso e pulsa em sintonia com o Amor Incondicional."*

(Mensagem canalizada em 04/06/2019)

Dr. Benjamin – Cirurgião Geral: Extirpando o mal

"Nos nobres trabalhos cirúrgicos, eu me preocupo em restaurar não só a parte corpórea afetada, mas o coração que sofre e anseia pela cura.

Nobre é a alma humana que luta até o último lampejo de vida em busca de viver a vida do corpo que padece o mal.

E é a força da vida, junto aos trabalhos restauradores, que retratam a cura.

Eu Sou Dr. Benjamin – Médico Cirurgião Geral da Equipe da Colônia Médica do Grande Coração de Astheriã.

Mantra: *Eu tenho a força de Deus em mim. Eu posso milagres na fé."*

(Mensagem canalizada em 15/05/2019)

Dr. Hans – Clínico Geral: Auscultando a alma

"Alimento a esperança dos pacientes, auscultando seu coração e buscando abrir caminhos para a cura, através de uma busca profunda das causas humanas.

A vida humana é um espectro invisível de possibilidades.

A alma humana precisa estar sadia, para que o corpo permaneça saudável.

A busca é leve e complexa, é um tocar as entranhas do paciente com a certeza de que o mal que padece não está apenas ali no manifesto da dor.

Eu Sou Dr. Hans – Médico Clínico Geral da Equipe da Colônia Médica do Grande Coração de Astheriã.

Mantra: *Eu vibro a seiva da vida. Manifesto em mim o desejo de me curar."*

(Mensagem canalizada em 18/05/2019)

Dr. Miguel - Clínico Geral e Acupuntor: Harmonia Curativa

"O amor por ti
Traz paz a seu corpo físico
Traz equilíbrio ali
Onde a densidade precisa sair.
Seu corpo fala
Sua mente comanda
Ouça seu coração e seus sentidos
E se permita ao amor que deles emana.
Harmonia se busca incessantemente
Como a natureza procura se estabilizar
Cuide-se incansavelmente
Para o seu bem-estar alcançar
E o equilíbrio externar..

Eu Sou Dr. Miguel, Médico Espiritual Clínico Geral e Acupuntor da Colônia do Grande Coração de Astheriãn.

Mantra: *A luz que brota do meu coração, se espalha por todo o meu ser em perfeita harmonia: corpo, mente, espírito e alma."*

(Mensagem canalizada em 23/05/2019 e 06/06/2019)

Dra. Helen – Coloproctologista: Corpo Saudável

"Servir é a magnificência de um caminho.

Dedicar é a completude com o amor.

Abrir caminhos e reentrâncias, propiciando a extirpação do mal, que impede, por aderências e inflamações, a eliminação dos rejeitos tóxicos do corpo humano.

Só o bem nos eleva.

A maldade intoxica a alma e o corpo e degenera o coração.

Eu Sou Dra. Helen – Médica Coloproctologista da Equipe da Colônia Médica do Grande Coração de Astheriãn.

Mantra: *Eu limpo em mim tudo o que promove a inquietude da minha alma."*

(Mensagem canalizada em 06/05/2019)

Dra. Sophia – Dermatologista: Vibração positiva

"Partindo da premissa de que somos o que apresentamos ser, trato a alegria restauradora naqueles que se sentem constrangidos pelos incômodos externos de seu corpo.

Abro sorrisos nos lábios e consolo a alma nos anseios da beleza e aprimoramento saudável de uma aparência salutar.

O estudo de todas as manifestações advindas de uma causa interna que precisa ser diagnosticada.

Aflora o mal que precisa ser eliminado pela raiz.

Sou Dra. Sophia – Médica Dermatologista da Equipe da Colônia Médica do Grande Coração de Astheriã.

Mantra: *Eu Sou, Eu Sou, Eu Sou, Eu Sou a beleza que em Deus existe.*"

(Mensagem canalizada em 15/05/2019)

Dra. Alice – Endocrinologista e Geriátrica: A fonte vital

"No aprofundamento de meus conhecimentos, busco aprimorar-me nas contingências obscuras do corpo humano, que retratam processos delineadores de deficiências e processos degenerativos.

Sente a alma o peso do corpo que carrega as degenerações que o caminhar da vida manifesta.

Trato o sistema glandular que promove as funções vitais.

Eu Sou Dra. Alice – Médica Endocrinologista e Geriátrica da Equipe da Colônia Médica do Grande Coração de Astheriã.

Mantra: *Meu corpo é perfeito. Meu corpo vibra a perfeição de Deus.*"

(Mensagem canalizada em 17/05/2019)

Dr. Oliver – Fonoaudiólogo: Expressando sentimentos

"Ouço os sons que chegam aos meus ouvidos, a natureza intensa que vibra em meus caminhos.

Sim, a beleza do ouvir e sentir cada som e vivenciar em si o que a sonoridade nos revela é uma grandiosidade da vida.

Transmitir sentimentos e demonstrar nossos desvelos nos remete ao coração do outro.

Intensifico em mim o propósito de cobrir a falha humana na expressão de seus sentimentos, levando a oportunidade da melhora e cura dos desvios da fala.

Eu Sou Dr. Oliver – Médico Fonoaudiólogo da Equipe da Colônia Médica do Grande Coração de Astheriã.

Mantra: *Ouço, crio, existo. Expresso minha alma na vibração de minhas palavras.*"

(Mensagem canalizada em 17/05/2019)

Dr. Obama – Gastroenterologista: Saúde é vida

"Múltiplas são as funções de um aparelho digestivo, máquina que propicia a fabricação das enzimas, dos nutrientes e a eliminação de substâncias desnecessárias ao organismo.

Ato divino do Criador propicia a oportunidade ao ser humano do prazer de um alimentar que lhe aguça os desejos, satisfaz suas necessidades e movimenta sua energia.

Busco encontrar formas saudáveis de alimentação, para aqueles que manifestam distúrbios doentios, conscientizando-os da necessidade de se cuidarem melhor.

Eu Sou Dr. Obama – Médico Gastroenterologista da Equipe da Colônia Médica do Grande Coração de Astheriãn.

Mantra: *Eu Sou a saúde plena. Eu vibro a energia de alimentos saudáveis.*"

(Mensagem canalizada em 18/05/2019)

Dra. Frida Glory – Geneticista: Amorosidade

"Percorrer o caminho da alma é acreditar nos sonhos e abraçar todos os desafios com amor para tornar possível a realização dos mais puros desejos.

Abraço com amor e dedicação os desafios contidos nas células e nos genes do seu corpo, para que sua vida seja saudável e perfeita.

Eu Sou Dra. Frida Glory – Médica Líder Cristal Geneticista da Equipe da Colônia Médica do Grande Coração de Astheriãn.

Mantra: *O meu corpo vive em perfeita harmonia seguindo os propósitos da minha alma*"

(Mensagem canalizada em 22/04/2019)

Dra. Olga – Geneticista: Caminhos novos

"Na evolução dos seres vivos, percorro o caminho do aprendizado e delineamento de novas formas e condições humanas.

Integro-me ao todo e delineio o complexo intenso da vida.

Sou eu o todo em todos.

Somos um na perfeição do Pai.

Devaneios, sonhos, ilusões.

Pensamentos, orientações, decisões.

É o processo químico que retrata a vida.

Ser o ser que necessita ser.

Eu Sou Dra. Olga – Médica Geneticista da Equipe da Colônia Médica do Grande Coração de Astheriãn.

Mantra: *Meu corpo é perfeito. Eu comando a perfeição em mim."*

(Mensagem canalizada em 06/05/2019)

Dra. Clara – Geriatra: Elevando a fé

"Simples semblante que padece das dores do corpo e da alma.

Pacientes em busca do aprimoramento do corpo, que restringe os anseios da alma, na debilitação progressiva do viver.

Pouso meu semblante de amor e delineio a melhor forma de contribuir para o estabelecimento de melhoras, diante da sabedoria de se sentir um ser provido da bênção interior da fé.

Eu Sou Dra. Clara – Médica Geriatra da Equipe da Colônia Médica do Grande Coração de Astheriãn.

Mantra: *Eu tenho a força de Deus em mim. Mantenho a certeza do meu poder maior."*

(Mensagem canalizada em 13/05/2019)

Dra. Adhele – Hebiatra: Despertar para a vida

"Como é belo sentir as transformações de um corpo que se prepara para vivenciar o caminho a percorrer.

Traz na essência a insegurança, a fragilidade do querer, do se sentir capaz.

Levo a beleza da transformação como o porto seguro para a reforma íntima de quem tateia os primeiros passos para a própria realização.

Eu Sou Dra. Adhele – Médica Hebiatra da Equipe da Colônia Médica do Grande Coração de Astheriãn.

Mantra: *Eu me abro para a vida. Eu creio em mim."*

(Mensagem canalizada em 17/05/2019)

Dra. Leonna – Neurocirurgiã: O comando da vida

"É enigmático o cérebro humano.

Por ele perpassam comandos que delineiam o complexo da vida.

Os estímulos nervosos caminham pelo corpo, numa gama maravilhosa de terminações que fazem toda a sustentação neurológica humana.

Com os recursos possíveis, levo o alívio àqueles que a mim recorrem na esperança da melhora da dor.

Eu Sou Dra. Leonna – Médica Neurocirurgiã da Equipe da Colônia Médica do Grande Coração de Astheriãn.

Mantra: *Tudo posso na força de Deus em mim."*

(Mensagem canalizada em 20/05/2019)

Dr. Zaire – Neurocirurgião: Comunhão cósmica

"Os planetas, as estrelas, todas as galáxias movimentam a dança Cósmica do Universo, fazendo surgir a vida com energia, beleza, simplicidade, emoção e criatividade.

Cuido do que há de mais humano que é a vida! Estudo e pesquiso as dificuldades e limitações que estão atreladas as deficiências neurológicas de sua coluna, seu crânio e seus nervos e faço intervenções cirúrgicas. Tomo decisões difíceis e corajosas para permitir que seu corpo experimente a alegria e o prazer de dançar a música regida pela sua alma em comunhão com o Universo.

Eu Sou Dr Zaire – Médico Líder Cristal, Neurocirurgião da Equipe da Colônia Médica do Grande Coração de Astheriãn.

Mantra: *Celebro a vida e alimento meu espírito dançando a música da minha alma."*

(Mensagem canalizada em 04/06/2019)

Dra. Helga – Neurocirurgiã Hebiatra: Uma nova oportunidade

"Promovo em mim a oportunidade de auxiliar aqueles jovens que padecem de algumas facetas comprometidas no seu corpo físico.

Levo-lhes a oportunidade de seguirem em frente na vida que lhes clareia um norte em esperanças e sonhos a serem construídos.

Trato as deficiências do sistema nervoso, que impedem o alcance de uma qualidade de vida superior.

Eu Sou Dra. Helga – Médica Neurocirurgiã Hebiatra da Equipe da Colônia Médica do Grande Coração de Astheriãn.

Mantra: *A força que me conduz, me garante a certeza da chegada."*

(Mensagem canalizada em 20/05/2019)

Dr. Rudolph – Neurologista: Equilíbrio humano

"Os comandos da nossa vida são provenientes do nosso cérebro, pequenas veias circulam na cavidade óssea da cabeça, interligando esse fator neurológico que conduz a passos largos nossos direcionamentos, junto a todos os membros do corpo humano, estão interlaçados, unidos como uma máquina, onde nenhuma peça pode falhar e, caso falhe, o ciclo rompe-se temporariamente.

Ajustamos nossas partes físicas corpóreas e perispírito para que equilibrados o ser humano volte as suas atividades e evolução. Portanto, devemos manter equilibrados a máquina humana.

Eu Sou Dr. Rudolph - Médico Neurologista da Equipe da Colônia Médica do Grande Coração de Astheriãn.

Mantra: *Eu libero meus pensamentos negativos para que o amor, a paz e o equilíbrio permaneçam.*"

(Mensagem canalizada em 24/04/2019)

Dra. Sheila – Oftalmologista: Visão abrangente

"Por uma força de hábito, eu me entrego a sentir toda a grandeza infinita de Deus, no olhar que percorro ao meu derredor.

A plenitude da vida é a expressão máxima do Criador.

Entrego-me a cuidar dos olhos, que levam ao coração a beleza da vida que nos cerca, acendendo o amor na alma de quem vê, na amplitude do viver.

Eu Sou Dra. Sheila – Médica Oftalmologista da Equipe da Colônia Médica do Grande Coração de Astheriãn.

Mantra: *Eu acendo a luz em mim com o brilho da luz que me rodeia.*"

(Mensagem canalizada em 13/05/2019)

Dr. Aaron Klaus – Oncologista: Libertando a alma

"Quando a alma humana sofre, o corpo padece.

A dor dilacera a alma e abre feridas que chegam ao corpo em processo degenerativo.

A cura necessita de amor, de sensibilização, para levar ao paciente a compreensão da necessidade suprema de perceber a vida como um estágio probatório para a recuperação humana.

Una-se a isto o tratamento das manifestações físicas.

Eu Sou Dr. Aaron Klaus – Médico Oncologista da Equipe da Colônia Médica do Grande Coração de Astheriãn.

Mantra: *Eu me liberto da dor e do medo. Eu determino a cura em mim.*"

(Mensagem canalizada em 19/05/2019)

Dr. Adolph – Oncologista: Paz na alma

"A dor é o processo degenerativo do homem.

A dor da alma se instala no corpo e fabrica a potencialização daquilo que se torna o desencadear da própria destruição.

Sentimentos malignos são úlceras que sangram a alma e degeneram o corpo, destruindo-o pouco a pouco.

Levo a oportunidade da melhora, atuando na extirpação do mal que degenera as células.

Eu Sou Dr. Adolph – Médico Oncologista da Equipe da Colônia Médica do Grande Coração de Astheriãn.

Mantra: *Eu me fortaleço na luz do amor e do perdão."*

(Mensagem canalizada em 08/05/2019)

Dr. Matheo Lenin – Oncologista Pediátrico: Curando a alma

"A alma humana na pequenez de um corpo, que traz resquícios de impropérios ou necessidades prementes de contribuir para o amor.

Nasce a criança trazendo o compromisso maravilhoso de lutar pela reforma e melhora existencial.

Flagelos necessários para a recuperação da vida que caminha.

Desvelo meus cuidados com amor e conhecimento, abrindo as portas para a reintegração das células no comando da cura.

Eu Sou Dr. Matheo Lenin – Médico Oncologista Pediátrico da Equipe da Colônia Médica do Grande Coração de Astheriãn.

Mantra: *Deus me dá a força. Eu determino a cura."*

(Mensagem canalizada em 15/05/2019)

Dr. Alexsander – Otorrinolaringologista: Equilíbrio

"Ouvir, sentir e cantar ao som da melodia regida pela orquestra sinfônica da natureza, é o que há de mais sagrado na vida.

Sentir o cheiro do orvalho da manhã depois de uma noite fria, a terra molhada com a chuva mansa depois de um dia de sol, ouvir a revoada dos pássaros de volta pra casa ao entardecer, aquieta a alma e equilibra os sentidos.

Expressar o sentimento de gratidão através da poesia e poder cantar ao vento o amor pela liberdade faz brotar na alma a harmonia do espírito.

Cuido dos seus sentidos, da percepção do Todo, para que viva com equilíbrio, confiança e segurança todas as nuances da sua existência.

Eu Sou Dr Alexsander – Médico Líder Cristal, Otorrinolaringologista da Equipe da Colônia Médica do Grande Coração de Astheriã.

Mantra: *A partir de hoje vou ouvir, falar sentir e viver com amorosidade o que for bom para mim e para os outros."*

(Mensagem canalizada em 04/06/2019)

Dr. Noah – Otorrinolaringologista: Fluidos divinos

"No ar que respiro está a força e o poder da vida.

Paira no ar a fonte divina.

Ninguém prescreve a vida sem dar o último suspiro e no choro do bebê se manifesta a primeira entrada de ar em seus pulmões.

Ar é vida.

Pesquiso as dificuldades respiratórias, trabalho a cura que propiciará a recuperação dos meios respiratórios, na condução do potencial vital ao corpo novamente.

Eu Sou Dr. Noah – Médico Otorrinolaringologista da Equipe da Colônia Médica do Grande Coração de Astheriã.

Mantra: *Sou o ar que respiro. Sou a paz que invade a minha alma."*

(Mensagem canalizada em 13/05/2019)

Dr. Sander – Pediatra: Encanto

"O amanhecer se encanta com a magia do desabrochar das rosas amarelas, delicadas, fortes, belas e douradas como o sol. Assim é o espírito quando se desperta para vida.

Cuido de você, criança, para que seja encantadora e magnifica como a rosa amarela.

Eu Sou Dr. Sander - Médico Lider Cristal da Pediatria da Equipe da Colônia Médica do Grande Coração de Astheriã.

Mantra: *Sou forte, saudável, sensível e amoroso. Nasci na luz, vivo na luz e permanecerei na luz."*

(Mensagem canalizada em 27/01/2019)

Dra. Stella – Pneumologista e Infectologista: Criando resistências

"As impurezas sociais invadem o corpo humano e desestabilizam o complexo saudável da estrutura molecular.

A vida permeia por caminhos vários, onde a resistência humana impede a instalação do que pode prejudicar.

Levo aos pacientes a fomentação em si do equilíbrio perfeito do sistema imunológico geral.

Eu Sou Dra. Stella – Médica Pneumologista e Infectologista da Equipe da Colônia Médica do Grande Coração de Astheriã.

Mantra: *Meu organismo é forte. Eu bloqueio tudo o que compromete a minha saúde."*

(Mensagem canalizada em 19/05/2019)

Dr. Werner – Pneumologista: O ato de respirar

"O processo respiratório promove a oxigenação de todas as células e partes do corpo humano, restaurando-lhes as propriedades da vida.

Dedico-me a exercer a magia divina da cura, levando aos pacientes a melhora daqueles distúrbios que impedem um respirar sadio, livre das mazelas da dor.

Respirar é vida.

É sorver o fluido divino que nos garante o viver.

Eu Sou Dr. Werner – Médico Pneumologista da Equipe da Colônia Médica do Grande Coração de Astheriã.

Mantra: *O ar que respiro me traz luz. O ar que respiro me alimenta a vida."*

(Mensagem canalizada em 17/05/2019)

Dra. Liz – Psiquiatra: Limpando memórias

"Na essência da alma, todo o contexto está nos distúrbios existenciais.

Assimila-se automações desnecessárias e contribui-se para a incorporação de males da alma.

Limpo as memórias desequilibradas, faço sentir a pureza de um viver feliz e a necessidade de se sentir amor.

A recuperação é lenta, baseada na transformação do ser que detém condicionamentos de vidas e vidas.

Eu Sou Dra. Liz – Médica Psiquiatra da Equipe da Colônia Médica do Grande Coração de Astheriã.

Mantra: *Eu sou um filho de Deus. Eu tenho o poder de me transformar."*

(Mensagem canalizada em 15/05/2019)

Dr. Marcus Joseph - Reprodução Humana: Vida

"Do óvulo nasceu a vida,
Da vida nasceu o Amor,
Do amor nascemos.

Busquemos o crescimento espiritual na humildade, na simplicidade seguida pelo nosso Mestre Jesus. Somos capazes de acender as chamas dentro de nós mesmos para a cura, ajuda aos necessitados, doutrinando com pequenas palavras, sentir o coração aberto, cheio de Amor para com nosso irmão. Bem-aventurados sois vós Filho do Pai Maior, siga na trilha do Amor.

Eu Sou Dr. Marcus Joseph - Médico Espiritual de Reprodução Humana da Equipe da Colônia do Grande Coração de Astheriã.

Mantra: *Nasci do amor, vivo no amor, expresso amor e sou amor."*

(Mensagem canalizada em 24/04/2019)

Dr. Samuel – Reumatologista: Bloqueios e dor

"Diante dos prognósticos da dor, cabe a mim levar ao paciente o alívio possível dos entraves do corpo degenerado.

As causas reumatoides necessitam de um olhar amoroso na alma humana, que impede a própria vida de fluir com a suavidade do amor maior.

O corpo somatiza os desconfortos da vida.

Eu Sou Dr. Samuel – Médico Reumatologista da Equipe da Colônia Médica do Grande Coração de Astheriã.

Mantra: *Eu Sou um ser perfeito. Vibro a perfeição do meu caminho."*

(Mensagem canalizada em 19/05/2019)

Dr. Ubaldo – Reumatologista: Tirando entraves da vida

"Nascer, crescer, envelhecer, partir.

Ciclos de uma vida humana, que parte de uma célula e se faz um corpo, na perfeição divina do mais puro amor.

E este corpo vivencia a dor advinda do desgaste do tempo e da dificuldade da movimentação dos membros.

Trazemos alternâncias para o alívio do que já não traz a perfeição.
Tudo passa.
Tudo percorre o caminho da impermanência.
Seguir é preciso.
Confiar é primordial.

Eu Sou Dr. Ubaldo – Médico Reumatologista da Equipe da Colônia Médica do Grande Coração de Astheriãn.

Mantra: *Eu me liberto de tudo o que me impede de caminhar."*

(Mensagem canalizada em 08/05/2019)

Dr. Lindhembergh – Traumatologista e ortopedista: Realização

"Como o girassol que segue o sol, sigo seus passos. Observo e inspiro-me na maleabilidade do bambu em busca do melhor diagnóstico para tratar a sua estrutura óssea.

Cuido do seu corpo. Equilibro sua estrutura. Alinho seu caminhar para que possa seguir em frente com alegria e confiança no compasso do seu passo, realizando sonhos.

Eu Sou Dr. Lindhembergh - Médico Líder Cristal, Traumatologista e Ortopedista da Equipe da Colônia Médica do Grande Coração de Astheriãn.

Mantra: *Minha estrutura óssea é saudável. Caminho com equilíbrio e confiança."*

(Mensagem canalizada em 18/11/2018)

Dra. Mariele – Urologista e Nefrologista: Filtragem da vida

"Aprendo a libertar meus pacientes da intoxicação causada por deficiência ou debilitação do aparelho urinário.

Experencio a visão da vida num gotejar de oportunidades que não são orientadas e observadas pelos seres humanos, que permanecem alheios aos distúrbios causados pela má qualidade de vida e orientação da própria vida.

Filtrar o sangue dos resquícios impuros.

Filtrar pensamentos e sentimentos impuros à própria alma.

Eu Sou Dra. Mariele – Médica Urologista e Nefrologista da Equipe da Colônia Médica do Grande Coração de Astheriãn.

Mantra: *Eu limpo em mim tudo que enfraquece o meu ser."*

(Mensagem canalizada em 20/05/2019)

Dr. Petrus – Urologista e Nefrologista: Limpeza interna

"A seiva da vida caminha pelo corpo, levando nutrientes que revigoram e fortalecem.

Há escoamento e liberação de tudo que perfaz as vias e não é aproveitável.

Esquema divino que promove a revitalização de tudo que existe.

O ser humano é responsável pelo cuidado do que ingere e busca para si.

Eu Sou Dr. Petrus – Médico Urologista e Nefrologista da Equipe da Colônia Médica do Grande Coração de Astheriãn.

Mantra: *Eu acolho a seiva divina em meu coração. Eu me fortaleço."*

(Mensagem canalizada em 20/05/2019)

Dr. Bezerra de Menezes: A Espiritualidade na Ciência

"Irmãos em evolução na Luz,

Por muito tempo laborei neste Planeta no auxílio ao próximo, valendo-me da ciência, da medicina, das experiências produzidas pelos humanos com o uso de produtos extraídos das plantas, flores de todas as cores, das mais simples às mais complexas, incluindo substâncias extraídas de animais e outros seres vivos.

Foram experiências incríveis, que serviram para mostrar ao mundo o quão é importante o olhar do homem para a natureza, de maneira bondosa e generosa, tal como a natureza o é em relação aos seres vivos neste Planeta.

Foi ainda importante para incentivar ao homem e à ciência a necessidade de se priorizar a saúde do bem-estar integral, que aceita e entende a importância sublime do elo entre a espiritualidade e a ciência, que andam sempre juntas.

Este elo, meus irmãos, deve ser fortalecido neste momento da Nova Era, pois estão interligados entre o instante evolutivo espiritual, que permite o aumento do alcance do raciocínio humano e das descobertas para a cura, com o próprio resultado destes avanços, proporcionados pelo estágio evolutivo do Planeta, que permitirá que alcancem conhecimentos medicinais e de cura importantes, assim como será ainda mais aumentado os conhecimentos tecnológico, robótico, informatizado e farmácia em geral.

A importância da consciência espiritual descoberta está na possibilidade de potencializarem suas inteligências espirituais, emocionais e racionais, em equilíbrio, fazendo com que encontrem em todo lugar da natureza e da civilização as respostas mais rápidas às buscas das evoluções materiais terrenas e, também, para os conhecimentos espacial e dimensional de outras formas de vida, seja neste Planeta, seja em outras galáxias.

Ainda hoje, por minha escolha, mantenho-me em sintonia com os habitantes da Terra, em auxílio aos necessitados do corpo e da mente, mas também no trabalho de auxílio dos desenvolvimentos das tecnologias de saúde, relacionadas às medicinas tradicional e não materialista.

Quanto menor a expansão das emoções e maior o equilíbrio entre mente, corpo e espírito, mais conseguimos acessar os cientistas e lhes possibilitar a visão além da matéria exposta aos sentidos do tato, da audição, da visão, do olfato e do paladar, de maneira que alcancem no pensamento o que foi intuído e, assim, traga o experimento aos olhos humanos.

Agradeço à Espiritualidade de Alta Luz por ainda estar em contato com aqueles encarnados no Planeta, seja para cura em auxílio, seja para a evolução medicinal, sendo este um compromisso que fiz, principalmente nesta Nova Era, opção esta que se encontra abraçada por minha vontade divina de presenciar o avanço humano no Planeta.

Peço a todos, ao final, que cuidem de seu Planeta, de nosso Planeta já que ainda nele atuo. O Planeta Azul é imensamente agraciado com benesses das quais em breve terão conhecimento, além daqueles que já possuem. É planeta perfeito ao humano e necessita de amor e carinho, desde as pedras brutas aos seres vivos mais primórdios, pois só o amor equilibrará o meio ambiente, evitando pestes e doenças decorrentes dos desequilíbrios ecológicos e da fraqueza humana espiritual e material.

Eu amo todos vocês. Estou em constante trabalho, orientando diversos grupos espirituais de auxílio ao próximo. Confiem!

Eu Sou Dr. Bezerra de Menezes – Médico Clínico Geral da Equipe da Colônia Médica do Grande Coração de Astheriãn.

Mantra: *Estou em perfeito equilíbrio e vibro em harmonia com a vida."*

(Mensagem canalizada em 06/06/2019)

6º Raio da Luz Rubi-dourada
Mestra Ascencionada Chohan/Diretora: Nada
Arcanjo Uriel
Dia da semana: Sexta-feira
Virtudes: Misericórdia, Devoção, Amor, Curas

Mestra Nada: Caminho Caridoso e Humilde

"Meus queridos filhos amados, filhos do amor e da luta pela evolução espiritual.

Desejo a todos, hoje e sempre, que expandam em suas vidas sentimentos de misericórdia e caridade, exercitando os ensinamentos de Jesus, seja para melhorias interiores, seja para o auxílio aos mais necessitados.

Este é o caminho de luz a ser seguido neste planeta Terra, o qual permite que deixem egoísmos e vaidades, para se dedicarem àqueles menos favorecidos, seja material ou moralmente.

A humildade, meus queridos, não significa se sentir menos do que os outros, mas, sim, que não são mais do que ninguém encarnado ou até mesmo desencarnado, não podendo ser invocada para diminuir pessoas, que deverão estar seguras na fé e na caridade, para não se deixarem diminuir desnecessariamente e, assim, se deprimirem ou perecerem em conexões energéticas indevidas e densas. A humildade, meus irmãos, deve ser compreendida como a forma de agir em relação ao outro, de modo que tenham consciência de que deverão agir de maneira pacífica, com respeito ao momento evolutivo de cada um, abrindo-se até mesmo para os inimigos, em perdão verdadeiro e caridade às suas deficiências cognitivas espirituais.

Assim, perdoem-se e perdoem a todos, libertando-se para a possibilidade de verdadeiro exercício da caridade espiritual, compartilhando com aqueles que lhes fizeram mal e a vocês mesmos a instrução divina sobre a forma de caminhar na luz, a fim de chegarem à Espiritualidade de Luz de maneira mais redimida e grandiosa.

Sejam bons de coração, pois a bondade é a expressão da misericórdia, que só tem cabimento, em sentido verdadeiro, quando são mansos e humildes de coração, nas atitudes consigo mesmo e com o próximo.

Sem a caridade, não há mesmo salvação, meus filhos queridos, que cuido com tanto zelo e amor. A caridade sincera promove um caminhar mais leve à sua evolução espiritual.

Não subjuguem pessoas e espíritos, como se fossem maiores do que eles. Na verdade, estão vocês todos aprendendo e cada um possui um tipo de conhecimento adquirido diferente e importante para a troca de experiências entre vocês, até mesmo as pessoas aparentemente más possuem uma mensagem a passar e a tocar os corações dos bons.

Desejo que a Luz Rubi-dourada emane até vocês muita sensação de entendimento sobre o caminho caridoso e humilde, em sua concepção razoável e proporcional às suas condições terrenas.

Lembrem-se todos de que não poderão sacrificar demasiadamente sua mente e corpo, já que são eles os instrumentos valorosos dados por Deus a vocês para que consigam sua evolução neste Planeta.

Muita Luz Rubi-dourada da Misericórdia Divina, que traz a Sabedoria do caminhar e a Cura dos males que travam sua evolução.

Eu amo a todos!

Eu Sou Mestra Nada."

(Mensagem canalizada em 30/05/2019)

7º Raio da Luz Violeta

Mestre Ascencionado Chohan/Diretor: Saint Germain
Arcanjo Ezequiel
Dia da semana: sábado
Virtudes: Transmutação e Transformação, Liberdade, Apelos, Compaixão

Mestre Saint Germain: Conhecimento que Transmuta

"Muito bom encontrar os irmãos aqui neste espaço de instrução e amor, buscando leituras edificantes e que os auxiliarão demasiadamente em sua evolução espiritual.

Este constante estudo, iniciado por muitos somente nestes últimos tempos, faz parte do processo de transmutação energética do Planeta Terra. Mentes vêm se abrindo cada vez mais às compreensões vindas do Mais Alto, além de compartilharem os aprendizados, difundindo, de uma maneira muito natural, as Verdades Divinas, de modo a potencializar as virtudes do Eu Sou de cada um e a espalhar exemplos e mensagens de amor, união, sabedoria e paz ao mundo.

É necessário, meus queridos filhos terrenos, que todos se empenhem e dediquem um momento de seu dia, de sua semana, de sua vida encarnada, para trazer à consciência o que de fato se passa na eternidade, pois é assim que conseguirão caminhar evolutivamente de maneira saudável, valendo-se das luzes, de todas as cores, para facilitação da transformação interior de cada um e, por conseguinte, da transmutação de tudo o que há ao seu redor. Quando se dedicam à instrução de luz, potencializam a transformação de toda a vibração terrena energética, auxiliando, com suas condutas, aos espíritos encarnados e, com suas leituras, oitivas e propagações do bem, também aos espíritos perdidos e necessitados de amor evolutivo.

Filhos e irmãos cuidem de seu saber evolutivo, pois tudo será conectado e ele de uma maneira bem simples, mas ao mesmo tempo intensa, levando aos interessados a uma forma evolutiva com menos dores e pesares, exalando mais amor, caridade, paz e segurança, segurança esta advinda da fé raciocinada adquirida pelos conhecimentos, sem dar espaços às mazelas de vida terrena.

Eu os convido a transmutarem suas energias, seu espírito, equilibrando os corpos físico, mental e espiritual com instruções de amor e lhes digo que a Luz Violeta, intensa neste 2º milênio, poderá auxiliar em todo tipo de limpeza interna, ambiental e externa geral, sendo a Chama Violeta potencialmente ensejadora da libertação dos seres e dos ambientes, a viabilizar a entrada mais tranquila das novas concepções de vida espiritual espalhadas nesta Nova Era por mensageiros e estudiosos.

Muita Luz Violeta a todos e tudo.

Eu vos amo, hoje e sempre!
Eu Sou Mestre Saint Germain."

(Mensagem canalizada em 30/05/2019)

Mensagens finais da Espiritualidade de Luz

Metatron Príncipe dos Anjos: Consciência Universal

"Meus irmãos,

Sintam essa paz trazida para vocês. É hora de descobertas, de entrarem em sintonia com os portais Divinos que estão sendo abertos neste momento planetário. Tentem se manter na luz a todo segundo e, quando se dispersarem, retomem o contato.

O Portal Platina, meus irmãos, foi aberto recentemente para o encaminhamento de uma energia muito sutil. Extremamente delicada, a energia solar branca, com raios dourados, anunciado já por Budha como o Sol Branco. Agora está em ampla expansão e com ela também aumenta a conexão com os ensinamentos divinos, que revelam a existência de um mundo muito além do que a consciência humana alcançava, em sua maioria, neste Planeta.

Este Sol Branco concentra a mais pura energia de paz e amor incondicional. É, na verdade, o Deus em sua forma energética pura divina e possui o poder de atrair fortemente quem com ele se conecta e também de adentrar em todas as esferas da vida humana de quem a ele se abre. É a Energia de Paz Pura do Universo, que trará a expansão da consciência sobre o além, sobre o misticismo ainda não revelado, sobre quem ou o que é Deus, como se organizam todos os seres que estão fora da 5ª Dimensão encarnada no planeta Terra.

Irmãos, o universo de fato não se concentra apenas nos humanos encarnados na Terra. Vocês possuem apenas cerca de 2 milhões de anos em evolução neste Planeta, que já habitou diversos outros seres, desde aqueles materializados, como aqueles no plano espiritual. Há diversas colônias espirituais existentes no Planeta Terra e em outros planetas, espalhadas por dimensões distintas pelo universo e é em virtude da desconexão provisória dos humanos com as energias das demais dimensões, que acabaram imaginando que o mundo somente existia para vocês.

Mas esta limitação da consciência está em processo de redução considerável, a atingir um nível mais próximo da 6ª Dimensão Estelar, que está diretamente relacionada à elevação da compreensão e do contato mais próximo com a Espiritualidade de Luz, atualmente orientada pela Grande Fraternidade Branca em seu planeta Terra. Esta compreensão passa pela elevação ao consciente das Verdades Divinas que são a todo o tempo transmitidas a vocês por diversos canais.

A cada dia será revelada uma Verdade Divina e começarão a conhecer o funcionamento energético de todo o Universo, passando do conhecimento do Eu Sou Divino para a descoberta do seu lugar e de sua missão dentro do universo energético, composto por uma única Energia Divina Vital, a ser conectada cada vez mais por todos os habitantes da Terra.

Irmãos, hoje, reveladas algumas verdades, peço que fechem os olhos e se imaginem perto de um Sol, redondo, luminoso, branco e que os raios dourados dele cheguem até vocês e aqueçam seus corpos, seus espíritos, suas mentes e seus corações, livrando-os de toda energia negativa e trazendo um conforto purificado e pacífico.

Em breve, serão apresentados outros esclarecimentos e novas formas de se conectarem com este novo Raio Platina que vem chegando devagar mas em pouco tempo, ao planeta Terra e aos seus habitantes mais lindos e cheios de amor, que são vocês.

Muita Luz, meus irmãos.

Eu Sou o Uno em cada um, a Luz do Amor e da Paz que resplandece em seu ser.

Eu sou um espírito, uma energia, da falange do Raio Platina, que atua junto à irmandade da Grande Fraternidade Branca, vinculada à missão de trazer a Verdade a todos vocês!

Eu Sou Metatron."

(Mensagem canalizada em 04/07/2018)

Mestre Saint Germain: Mudança Planetária

"Filhos Amados, que a paz de Deus esteja com todos vocês!

Sabemos das dificuldades que todos estão passando, estamos trabalhando para o assentamento perfeito do Planeta Terra, essas mudanças estão provocando dores de cabeça, mal-estares e alguns desiquilíbrios que estão sentindo, que fazem parte dessa transformação.

Fiquem equilibrados nas orações, meditações, foco espiritual, Mãe Maria está olhando todos, com seu olhar caridoso, seu abraço materno, todos são cobertos com seu manto azul de luz. Peço que mantenham em equilíbrio e orações. Um novo mundo está nascendo dentro de todos vocês.

Enviando altíssimas chamas do Raio Violeta para o Planeta. Sintam-se protegidos e abençoados pelos Raios.

A Paz de Deus esteja com vocês.

Eu Sou Mestre Saint Germain."

(Mensagem canalizada em 25/04/2019)

Mestre Kuthumi: Aprendizado

"Irmãos,
Aprendam a controlar a respiração,
Controlem os pensamentos positivamente,
Policiem o julgamento alheio,
Atentem aos atos a praticar,
Analisem e perdoem seus erros,
Sejam menos críticos,
Aceitem seus defeitos,
Libertem-se dos preconceitos,
Ajudem seu irmão incondicionalmente,
Desfrutem uma vida de Paz, Amor e Equilíbrio.
Eu Sou Mestre Kuthumi."

(Mensagem canalizada em 21/05/2019)

Mestra Maria de Nazaré: Amor

"No silêncio do seu coração,
A Paz percorre em suas veias,
O amor triunfa em seus olhos,
Na grandeza do seu peito,
Acolhe o irmão mais necessitado,
Alma purificada cristicamente,
Vida que vem,
Vida que vai,
Amor que impera,
Amor que vence,
O Amor é você.
Eu Sou Mestra Maria."

(Mensagem canalizada em 07/05/2019)

Mensagens finais de Sabedoria Divina

Mestre Jheriel da Colônia Vale Dourado: Companheiros da Luz

"Meu amado companheiro da Luz!

Minha gratidão ao Criador por me permitir compartilhar com você um pouco dos ensinamentos que vivi e aprendi ao longo da minha existência. Também sou aprendiz como você.

O Criador consentiu que cada filho seu fizesse suas próprias escolhas. Com toda sua bondade divina e sabedoria infinita, permitiu que a vida se mostrasse através de sinais e revelasse sua magia e seu encanto em todos os momentos. Seja no amanhecer com chuva, no pôr do sol sem sol e nas noites escuras. Durante seu caminho para o trabalho, nos encontros e desencontros, nas chegadas e partidas. Nas reuniões com amigos e familiares. Enfim, a vida está aí pedindo para ser vivida.

Seja sempre grato por todas as experiências vividas. Sejam elas boas ou difíceis, são oportunidades para o crescimento e o fortalecimento da sua alma e do seu espírito.

Viva com sabedoria e simplicidade. A vida é mágica. É um presente do Criador. Não importa em qual plano ou grau espiritual que você se encontra. Não se preocupe com as escalas que foram criadas como 3^a., 4^a., 5^a., 6^a. ou 7ª dimensões. Entregue-se à vida por inteiro. Desapegue-se das culpas, dos medos, dos arrependimentos, das decepções e dos momentos não vividos e viva o aqui e o agora.

Você é amor, é luz, é vida. Não permita que apague a Luz do Criador que brilha em seu ser. Inspire-se e guie-se no poder e na força do Amor Incondicional. Caminhe sempre na luz, em direção a Luz Maior.

Este é meu desejo para você.

Com Amor, Gratidão e Luz!

Eu Sou Mestre Jheriel.

(Mensagem canalizada em 19/05/2019)

Mestre Kuthumi: Rumo à Consciência Plena

"Meus filhos,

Estou aqui para passar uma mensagem simples de amor, de perdão, de caridade e de cura, baseada na Sabedoria Divina.

Peço a todos que se concentrem nas lições contidas neste espaço de amor, para que exercitem a mansidão de coração através das meditações sugeridas, que são ótimas para quem deseja iniciar seu caminho evolutivo, sem conhecer ainda muito bem e plenamente para onde devem ir e como deverão ir.

Estas leituras, das mensagens divinas, dos poemas e das meditações, automaticamente conectam o ser aos conhecimentos divinos, facilitando a limpeza de seu livre-arbítrio e auxiliando as escolhas dentro dele, de maneira mais clara, de modo que a conexão energética estabelecida com o Mais Alto durante as leituras facilitará sua compreensão evolutiva sobre aonde melhorar e buscar as virtudes e, assim, afastar as negatividades que amarram seu caminhar evolutivo.

Depois de um tempo exercitando leituras constantes, orações e meditações, será natural sua mudança de comportamento para melhor, porque a Sabedoria Divina entrará em vossas mentes de maneira singela e, sem perceberem, modificarão suas condutas, amoldando-se às energias de regeneração da Nova Era.

Sentirão uma felicidade imensurável pela prática cotidiana do amor incondicional, do perdão e da misericórdia e, assim, curando mágoas e elevações indevidas do ego, a ensejar curas em suas mentes e corpos, adoecidos antes nos perispíritos por medos, ansiedades, soberbas, mágoas ....

O Perdão e o Amor são o caminho para a Libertação de seu ser, de modo a viabilizar um caminhar de Fé, dentro de sua vontade divina verdadeira evolutiva e justa, o que aumenta sua caridade e misericórdia, permite a ascensão de seus conhecimentos e das benesses terrenas, ensejando Cura e Transmutação Energética para o Caminhar na Luz até a Consciência Plena, de como deverão ir às esferas mais puras em contato com Deus.

Que no dia de hoje e sempre, sem cessar, tenham todos abertura divina para os conhecimentos que te levarão a este lugar de amor e pureza, o seu Eu Sou Divino em contato com a Energia Divina Suprema.

Eu amo vocês!

Eu Sou Mestre Kuthumi, Instrutor do Mundo e que atua na Luz Dourada da Sabedoria Divina, e junto com Mestre Confúcio e Mestre Lanto auxiliamos na abertura da compreensão dos seres sobre para onde deverão ir e como ir, após a compreensão sobre o Eu Sou e o que estou fazendo aqui.

(Mensagem canalizada em 30/05/2019)

Irmã Scheilla: Amor e Cura

"Meus filhos amados!

Venho neste dia de amor e paz trazer a vocês uma palavra de incentivo, para que persistam no caminho do bem.

Filhos e amigos, todos os encarnados possuem falhas humanas que vêm do ego que supera seu Eu Interior Perfeito, mas vocês não precisam se condenar eternamente à persistência destas escolhas que dificultam seu caminhar.

Queridos, sempre há tempo de amor e de respeito, sempre há tempo de regeneração, sempre há tempo e hoje é o dia e o tempo certo para que deixem para trás as velhas manias arraigadas a vaidades, egoísmos, sentimento de vingança, despeitos, invejas e até o simples, mas gravoso em seus efeitos, ciúmes, que tanto tumultuam as relações humanas entre todos vocês. Filhos, e é assim que chamo a todos com carinho maternal, tenham coragem e fé em Deus para abandonarem os velhos momentos e sintam-se orgulhosos de vocês.

Tentem todos os dias, um pouquinho e um bom exercício é se imaginarem no lugar do outro, de modo que o respeito será mais evidente, já que se atentarão de que não gostariam que fizesse com você o que fez ou está fazendo com o outro. Isso, meus filhos, traz uma inicial situação vergonhosa, mas que não poderá servir para, sem coragem, se manterem no erro. Ela deve se prestar a ensejar o perdão a si mesmo, a valorização de seu potencial de arrependimento e humildade, pedindo perdão pelos feitos equivocados, sem dar voltas para tentar justificá-los.

Filhos, como é lindo e como nos toca a todos os Trabalhadores da Luz Rosa do Amor Incondicional quando, no dia a dia, sentimos alguém verdadeiramente arrependido e resgatando o seu equívoco, compreendendo que estão de passagem para evoluir e que isto faz parte da sua evolução terrena e espiritual.

Coragem, filhos amados, coragem!

Orem sempre, fiquem atentos e saibam que os céus entram em festa quando a paz se restabelece com um pedido de desculpas ou uma conduta de compaixão ao próximo que ainda não tem este entendimento.

Eu vos amo e estarei sempre em trabalho constante com Espiritualidade de Luz, do Amor Incondicional, da Verdade Divina, da Misericórdia e, consequentemente, da Cura de vossas almas, espíritos, perispíritos e também o corpo físico, por conseguinte.

Clamem por esta equipe de Amor que está na espiritualidade, sempre que desejarem e quando tiverem vontade de se regenerar mesmo com a coragem ainda frágil, pois daremos o empurrãozinho necessário a esta concretização de Amor Incondicional.

Eu vos amo hoje e sempre!

Eu Sou Irmã Scheilla.

(Mensagem canalizada em 16/05/2019)

Mestre Jesus: Jesus em toda parte

"Deus Pai seja louvado!

O Senhor Jesus Cristo está aqui entre vós, meus queridos irmãos, na Luz Una e emanada do Universo Superior: Deus, nosso Mestre Maior e Energia Vital de tudo e de todos, de todas as criaturas e coisas deste Mundo conhecido por vós.

Meus filhos e irmãos, estamos num momento de crucial importância para os habitantes deste Planeta. Um momento em que muitas energias estão se encontrando, sejam boas ou ruins, mas, entre estas, uma repelindo a outra, de maneira muito intensa e densa, atingindo vossos corpos sutis, mentais e até físicos, de modo claro e evidente. Queridos irmãos, por isto mesmo, permaneçam em constante vigília e atenção para os movimentos energéticos que se passam em vossos corpos.

O coração, aqui representante de seus sentimentos mais puros e em conexão perfeita com seu Eu Sou e o Criador, numa Unidade Divina, absorve as energias locais, espaços, coisas e pessoas aos vossos redores. Atentem-se, portanto, ao que sente em cada momento, pois ele, o coração, lhe guiará e lhe trará todas as respostas sobre vossas dúvidas, causadas ainda pela falta de fé em vós mesmos sobre vossas intuições. Essas dúvidas se dissiparão com a maior rapidez possível, se seguirem seu coração, se ouvirem a intuição que está lhe sendo transmitida o tempo inteiro, através do aumento das percepções energéticas entre o seu eu interior e as energias sutis, que estão em maior sintonia neste momento no Planeta.

Confiem e acreditem no que sentem e se isto, o que sentem e pensam, vos traz paz e harmonia.

A ausência de harmonia, os sentimentos e as sensações de tristeza, de angústia, de repulsa principalmente, são a intuição necessária para lhes fazer compreender que Deus é amor, que Ele nunca enviará seres menos evoluídos ou que lhes causem males e sentimentos inferiores para lhes auxiliar em sua caminhada evolutiva. Ele, o Senhor do Universo, somente orienta e organiza por meio dos Mestres Ascencionados, Arcanjos, Anjos, Querubins, dentre tantos Trabalhadores do plano espiritual, enviando-lhes à Terra quando já estão prontos e aptos a exercer o amor incondicional, a misericórdia, o perdão, a compaixão e a resiliência. São estes representantes do amor em luz, mesmo que em constante aprendizado.

Portanto, filhos e irmãos queridos, não se confundam e tenham a certeza de que seu sentimento lhe indicará a adequação energética de onde estiver, com quem estiver. Seja, então, sutil e saia imediatamente daquele momento desarmonioso, com respeito a tudo o que acontecer no local, já que o processo evolutivo é individual e a compreensão espiritual, de cada um. Simplesmente se afaste e se proteja das energias densas que te causem sentimentos de desconforto, confusão, indignação e estranheza.

Estudem e leiam muito, meus irmãos, pois isto será importante para o aumento de seu conhecimento e de sua certeza, se forem mais racionais e tiverem dificuldades de interagir com as energias do seu eu sou.

Por fim, digo-vos, com o Amor Incondicional que o Mundo deverá conhecer, que neste momento, todas estas energias estão mais perceptíveis aos habitantes da Terra e, portanto, deverão ter mais atenção para fazerem as escolhas corretas e adequadas sobre seu caminhar, de modo que não se desvirtuem, por sentimentos do ego como paixões, vaidades e egoísmos, dificultando vosso caminhar na Luz.

Eu estou convosco hoje e sempre e continuarei estabelecendo contato com pessoas sensíveis à captação de minhas mensagens, pois o Planeta está num momento crucial de mudanças e necessitamos de todos os Mestres, Anjos, Arcanjos, Seres de Luz e Trabalhadores da Luz, deste espaço para chegarmos com maior facilidade aos vossos corações e mentes, de modo que facilite a evolução de todo o Planeta para a Nova Era de Amor, Perdão, Paz e Caridade, que já está chegando e que para muitos, já chegou. Esta conexão é perfeitamente possível, pois temos diversos mecanismos de contato com estes seres encarnados e que podem escrever o que desejamos passar, que podem transmitir também por meio de suas vozes e atitudes, com palestras de emanação de amor e psicofonias vindas dos contatos que fazemos, mesmo à distância.

Não se esqueçam: Eu estarei sempre no meio de vós e não se deixem persuadir por dúvidas de que Eu não poderia estar em todos os lugares. Eu e os demais Mestres e Espíritos de Luz, encarnados ou não, estaremos aonde desejarem, para conosco se conectarem quantas vezes for necessário e até o tempo absolutamente inteiro.

Eu vos amo e Estou convosco para toda a eternidade, hoje e sempre.

Eu Sou Mestre Jesus, dentro e fora do coração e da mente de cada um.

(Mensagem canalizada em 09/05/2019)

Mestra Mãe Maria: Unidos pela Essência Divina

"Meus queridos filhos em Cristo!

Como é imenso o amor que sinto por vós.

Um amor que perdoa todas as vossas falhas, que estão vinculadas ao desvio humano às perfeições divinas. Perdoem-se também, meus filhos. Perdoem-se para que possam seguir livres no caminho do amor e da luz.

O que se aprender com os erros não será apagado com o perdão e deverá ser levado convosco, a lhes assegurar a lembrança necessária a lhes impedir que novamente os pratique. Assim, é importante que estas lembranças não estejam carregadas das mágoas, das raivas, dos ódios e das autopunições, sentimentos estes que somente poderão ser extintos com o perdão sincero e o amor por vós mesmos, além da consciência de que o arrependimento sincero gera energia de amor a se expandir até o mais alto, ensejando o perdão de Deus, do Universo de Pura Energia Divina, àqueles que assim desejem verdadeiramente.

A prova deste arrependimento está na observância cotidiana de seus atos e na consequente constatação de sua prática, com o imediato ajuste, perdão e não repetição do ato, seja ele apenas mental, seja por condutas desalinhadas com as energias do bem, do amor, da caridade e principalmente da misericórdia.

Meus filhos, se tanto desejam perdão e chances de um novo Caminho na Luz, perdoem também àqueles que algum dia lhes fizeram algum mal, pois são eles também dignos de misericórdia e perdão, assim que se conscientizarem do mal que fazem a si mesmos quando agem com inveja, ganância, luxúria, perversão da ordem, egoísmos, maledicências e de tantas outras maneiras de anulação das virtudes há séculos praticadas pelos seres humanos.

Por muito tempo, após um momento no planeta Terra de expansão de ódios e males de toda a sorte, cresceu o afastamento entre as pessoas, gerando, muitas vezes, contatos apenas superficiais entre elas, inclusive no seio familiar, entre vizinhos, colegas de trabalhos e escola.

A intenção, meus filhos, é mostrar aos encarnados que devem ter respeito ao próximo quanto às suas ideias, escolhas e atitudes que não causem mal às demais pessoas ao seu redor, demonstrando que os preconceitos em nada modificam a essência bondosa e de amor que há nas pessoas.

Esse distanciamento aconteceu porque muitos seres menos evoluídos e em evolução deturparam estes ensinamentos, utilizando-se de premissas como: igualdade de raça, gênero, etnia e religião para egoisticamente impor o seu preconceito ao outro que pensasse diferente, como se o outro, nascido em uma sociedade preconceituosa, não tivesse a chance de crescer espiritualmente. Estas energias se misturaram gerando mais intolerâncias e ódios a ponto de causar males mundiais.

Mas está chegando o momento do entendimento da verdadeira ideia, que é de igualdade e respeito entre os seres, com redução das emoções exageradas, em prol da fé raciocinada, mas também sentida nos vossos corações, de que todos somos um só perante Deus, irmãos na caridade e no amor, independentemente das crenças, desde que pautadas no respeito ao próximo e a si mesmo.

É chegado o momento de vocês se unirem novamente, meus filhos. Todos são meus filhos amados. Unam-se, mantendo o respeito, para que expandam mais amor. Esta expansão energética atingirá aos mais necessitados de amor e perdão, auxiliando na evolução de todos os espíritos encarnados e desencarnados, a fim de que possam acompanhar a evolução que vem acontecendo no planeta Terra onde habitam.

Meus filhos amados, todos vocês são irmãos na luz. Até mesmo aqueles mais necessitados merecem a caridade e a salvação.

Mostrem àqueles que se aproximarem de vocês este amor, para que eles o sintam e possam nele abrir a passagem para que as energias espirituais de luz os possam tratar. Observem que ao vosso redor há inúmeras pessoas de bem, mais do que aquelas que estão fora da Verdade Divina.

Então, retomem a união entre vós, dentro da simplicidade e da humildade a lhes fazer compreender que as profissões e as riquezas da Terra também apresentam uma função, dentro da linha evolutiva de cada um. A bonança não é reprimida pela Espiritualidade de Luz, muitas vezes necessária para que desenvolvam os projetos assumidos para o vosso reencarne e, muitas vezes, por merecimento evolutivo, sem que signifique superioridade a outros seres. Desde que exercidos com amor, afastados dos males que corrompem o caráter e a bondade dos seres terrenos, as benesses da vida encarnada são legítimas e devem servir como exemplos e como meios a proliferar o bem, mesmo que tais qualidades materiais, morais e espirituais estejam entrelaçadas apenas às atitudes e ao exercício das profissões e das atividades de amor ao próximo, ao mais pobre materialmente dos seres, mas grande na riqueza espiritual.

Meus filhos queridos, espero que tenham bem entendido o que pretendi lhes trazer hoje e saibam que eu estarei sempre convosco, amparando a todos, auxiliando e impulsionando vossa evolução espiritual, escolhida no vosso livre-arbítrio.

Unam-se, meus filhos, fieis na fé de Jesus Cristo e amem como Ele vos ensinou a amar quando presente em vosso Planeta.

Que o meu amor esteja em vossos corações e que unidos possam alcançar o Reino dos Céus, mesmo ainda encarnados, somando-se todas as forças das energias positivas que estão em vós.

Sejam fortes e unidos.

Eu vos amo muito!

Eu Sou Mãe Maria.

(Mensagem canalizada em 13/06/2018)

Oração e mantra

Invocação do Arcanjo Miguel

Arcanjo Miguel em minha frente,
Arcanjo Miguel em minhas costas,
Arcanjo Miguel do meu lado direito,
Arcanjo Miguel do meu lado esquerdo,
Arcanjo Miguel acima da minha cabeça,
Arcanjo Miguel dentro do meu coração,
Arcanjo Miguel abaixo dos meus pés.
Que possa me guiar em todos os bons caminhos
E onde quer que eu vá,
Que a luz azul de sua espada,
Me abençoe, me proteja, me guarde, me ampare,
Me livre de todos os males,
Hoje, amanhã e todos os dias da minha vida.
Amém, amém, amém, amém!

(Fonte: www.grupoanjosdeluz.org.br)

Mantra do Perdão, Amor e Gratidão do Grupo Anjos de Luz

Hoje me perdoo.
E neste momento perdoo a todos.
Peço perdão.
Sinto muito.
Eu me amo.
Amo a todos.
Sou grato.
Estou livre!
Todos estão livres!
Assim é.
Assim será.
Está feito!
Amém, amém, amém e amém.

(Síntese do Ho'oponopono elaborada pelo Grupo Anjos de Luz)

Ho'oponopono é um processo de nos desfazermos das energias tóxicas que existem dentro de nós, para possibilitar o impacto de pensamentos, palavras, realizações e ações Divinos. (VITALE, Loe; LEN, Ihaleaka Hew. Limite Zero: o sistema havaiano secreto para prosperidade, saúde, paz e mais ainda. Rio de Janeiro: Rocco, 2009.)

Mensagem final

"Caro(a) amigo(a),

Desejamos que ao descobrir PARA ONDE QUERO IR? você seja guiado pela luz que brilha no seu coração, compreendendo que o caminho com amor o conduzirá a realização do seu propósito de alma."

Equipe da Colônia Médica do Grande Coração de Astheriã.
Orai e vigiai sempre.
Luz, paz e bem.

(Mensagem canalizada em 08/04/2019)

Gratidão!

Mais informações no site www.grupoanjosdeluz.org.br